これからは 倉庫で儲ける!!

物流不動産ビジネスのすすめ

株式会社イーソーコドットコム 会長
大谷巖一 著
IWAKAZU OHTANI

日刊工業新聞社

―― はじめに ――

根っからの倉庫マン

　私は30年前、東京芝浦にある老舗の倉庫会社に入社し、倉庫現場、お客様受付、新規開拓営業を経験した生粋の倉庫マンであることを誇りにしています。

　新人研修時に定年を迎えたベテラン先輩社員から、倉庫業の美徳として「お客様の要求に応えて単純作業をいとわず、額に汗し反復継続する。決して目立たず、社会の縁の下の力持ちとなる」と教えられました。

　ときに、物流合理化的な発案をすると、「あなたは頼まれたことだけを着実にこなし、余計なことは考えてはいけない。考えている暇があるのなら倉庫内を清掃しなさい」と叱られたことを思い出します。

　そして、15年程前には国交省のセミナーで、初めて3PL[1]について説明を受けたことも衝撃的でした。3PLという新しい物流業の業態が、お客様の物流コスト削減を言うことなのだと説明され、"なぜ物流会社の売り上げを減らす、利益に反する行為を提案するのか？"と迷いが広がりました。

黒船が来た、物流ビッグバン[2]の時代

　グローバリゼーションと金融ビッグバンの実施。規制緩和の波は物流にも押し寄せました。それまで銀行一本だった間接金融に直接金融が加わり、海外より物流不動産ファンドが上陸して、有利な投資利回りである万能型の超大型高機能型物流倉庫（メガ倉庫）が建設され始めました。特徴としては、1フロア3,000坪以上の床面積でトラックが上層階に行けるランプウエイ方式を採用し、保管・物流加工・配送センターの機能を併せ持つ万能型倉庫で、話題のSCMなどに対応可能な施設です。最新の物流ニーズはもちろんのこと免震、エコブームにも対応しており、続々と建設が続いています。2003年日本経済新聞のトップ記事に「物流合理化、外資が担う」といった見出しが登場し、物流業界にもビッグバンが到来していることを知ったのでした。

　銀行はキャッシュを、倉庫業はお客様の財産をお預かりするから、信用ある

1) サードパーティ・ロジスティクスの略。総合物流。
2) 規制緩和により業界が劇的に変わる症状。

業界といわれておりました。現在でも、地方では名だたる名士の方々が倉庫業者として活躍しております。かつて、倉庫業を始めるには自社物件が必要なうえに、資産の多さ、社歴、経営安定度、社会的な信用等々とまさに、新規参入が難しい護送船団[3]の業界でありました。

　自由化の流れは物流業界にも及び、運送業・倉庫業の規制緩和は進んだのです。自由化は新規参入を促進し、規制に守られた特権は形式だけとなり、苛烈な自由価格競争が始まったのです。

物流業と不動産業の垣根もなくなり

　運輸省と建設省の合併による国土交通省の誕生は、物流不動産にとって大きなターニングポイントでもありました。物流と不動産、二つの業界は土地・建物を扱っているという共通点があります。どちらも唯一無二の空間を扱ってはいますが、お客様にとって倉庫は手段であり、取得や所有が目的ではありません。その点が、不動産業と物流業としての倉庫の位置づけが異なります。

　「500坪の"あの倉庫"が必要だ」となれば唯一無二の存在である不動産の性格上、有利な条件を巡って利害が対立します。より有利な条件で商談を進めたいという交渉は、難儀をもたらします。しかし、お客様の経営目的に合わせた倉庫選び（物流）であるなら、唯一無二の"あの倉庫"でなくとも良いのです。無限の可能性と選択の自由度が高まるのです。そして、お客様の成長と共に倉庫も規模を変え、形を変え、ふさわしい立地や設備は徐々に変化していきます。不動産が形を変えるなどとは不動産業では考えられませんでした。唯一絶対の存在が不動産というものだったからです。その不動産を物流の一部として、倉庫を目的ではなく手段として捉えたとき、物流不動産ビジネスというしくみと仕掛けが生まれたのです。本書では、この物流不動産ビジネスとは何か、なぜ必要か、どのように進めれば良いか、そのためのツールと成功事例の紹介、必須の契約関係書類を整えました。読者の挑戦、新規参入を歓迎いたします。

大谷 巖一

---

[3] 国や政府が既存業者を守るため、様々な規制を設置し、新規参入が難しい。

目 次

はじめに …………………………………………………………………… 1

序 章 物流業界の今

- 第1節 物流不動産ファンドとは何か ………………………………… 8
- 第2節 倉庫営業の失敗がチャンスに ………………………………… 10
- 第3節 変わりたくなかった業界 ……………………………………… 12
- 第4節 倉庫には改革が求められている ……………………………… 14

第2章 物流不動産ビジネスとは何か

- 第1節 物流施設で新たなチャンスを掴む …………………………… 18
- 第2節 他社倉庫を利用したビジネス ………………………………… 20
- 第3節 3PLは物流不動産ビジネスの応用技だ ……………………… 22
- 第4節 物流と不動産、CRE戦略とは ………………………………… 24
- 第5節 許認可事業としての、不動産事業 …………………………… 26
- 第6節 宅建主任者の資格取得は難しくない ………………………… 28
- 第7節 3WINの関係を目指して ……………………………………… 30
- 第8節 老舗倉庫会社は不動産事業を重視 …………………………… 32
- 第9節 ビンテージ倉庫の活用法 ……………………………………… 34
- 第10節 新しい売り上げを作る ………………………………………… 36
- 第11節 ランチェスター経営を進める ………………………………… 38
- 第12節 不動産事業を売り上げに追加する …………………………… 40
- 第13節 付帯(改修)工事も売り上げにつなげる ……………………… 42

第3章　物流不動産ビジネスが会社を変える

第1節	物流不動産ビジネスが会社を活性化させる	46
第2節	お客様は誰なのか	48
第3節	リーシング、紹介で弾（倉庫）を借りる	50
第4節	マスターリースが土俵を広げる	52
第5節	情報がビジネスチャンスになる	54
第6節	異業種に情報を求めるようになる	56
第7節	新しい物流営業マンの誕生	58
第8節	身近な情報も埋もれさせない	60
第9節	マルチタスク営業マン	62
第10節	情報は常に循環する	64
第11節	新設第2営業部	66
第12節	波動対応のアウトソーシング	68
第13節	新体制は新給与体系	70

第4章　物流不動産ビジネスパック〈IT編〉

第1節	ビジネスにIT環境を	74
第2節	ビジネスはリアルタイムに価値がある	76
第3節	動画や通信の話題ツール	78
第4節	物流不動産専用サイト	80
第5節	イーソーコ.comの地域限定版	82
第6節	全国の営業案件をつなぐLSS	84
第7節	LSS Personalで、さらば一匹狼	86
第8節	お客様フォローにメールマガジン	88
第9節	ビジネス成功の一斉同報配信システム	90
第10節	サテライトも1ウィンドウで	92

第5章 物流不動産ビジネス成功事例

- 第1節 組織営業で新人営業マンが成約 ……………………… 96
- 第2節 LSS掲示板を利用して即成約 ………………………… 98
- 第3節 地元の信頼とコーディネート力で成約 ……………… 100
- 第4節 倉庫の改修提案でリーシング成約 …………………… 102
- 第5節 物流コンサルティングで成約 ………………………… 104
- 第6節 寄託契約で成約 ………………………………………… 106
- 第7節 ビンテージ倉庫をオフィスへ改修提案して成約 …… 108
- 第8節 自社倉庫のプロフィット化提案で成約 ……………… 110
- 第9節 まれに近隣相場より高く成約 ………………………… 112
- 第10節 不良債権物件を再生して成約 ………………………… 114

第6章 こうやって進める物流不動産ビジネス

- 第1節 営業活動とは …………………………………………… 118
- 第2節 お客様との信頼を築く ………………………………… 120
- 第3節 営業活動のAtoZ ………………………………………… 122
- 第4節 物件シートを読む ……………………………………… 124
- 第5節 営業活動の心得Ⅰ：売り先行 ………………………… 126
- 第6節 営業活動の心得Ⅱ：ヒアリングは急がば回れ ……… 128
- 第7節 営業活動の心得Ⅲ：組織営業は案ラク表 …………… 130
- 第8節 営業活動の心得Ⅳ：現場百篇をいとわない ………… 132
- 第9節 営業活動の心得Ⅴ：案内無くして、成約ならず …… 134
- 第10節 周辺相場を知る ………………………………………… 136
- 第11節 契約前の与信調査は重要 ……………………………… 138
- 第12節 物流ニーズを捉えるコンサルティング術 …………… 140
- 第13節 物流不動産ビジネスの最終形態、マスターリース … 142

Appendix 物流不動産ビジネスパック〈契約管理〉

- 第1節 物件情報の読み方 …………………………………………………146
- 第2節 手数料の読み方 ……………………………………………………148
- 第3節 契約書の種類 ………………………………………………………150
- 第4節 普通賃貸借契約書 …………………………………………………152
- 第5節 マスターリース契約 ………………………………………………154
- 第6節 重要事項説明 ………………………………………………………156
- 第7節 建物の付属書類 ……………………………………………………158
- 第8節 土地建物の登記簿謄本の読み方 …………………………………160
- 第9節 建築関連法規の理解 ………………………………………………162
- 第10節 原状回復条項の詳細 ………………………………………………164
- 第11節 アコーディオン方式の賃貸契約 …………………………………166
- 第12節 物流ヒアリングシート詳細版 ……………………………………168
- 第13節 営業倉庫の登録申請手続き ………………………………………170

あとがき……………………………………………………………………………172

序章

物流業界の今

　物流業界に明るい話題はあるか？　外資系物流不動産ファンドは依然として開発を進め、大手3PL企業もM&Aという手法が当たり前になってきた。

　これからは弱肉強食の競争によって、自然淘汰が一層鮮明になってくるだろう。時代を読まずに、旧態依然の物流のやり方に固執していては、取り残される。

　私も伝統ある老舗倉庫会社に所属していた。もし外部に目を向けていなければ、時代を恨んでいたことだろう。私は運良く時代の変化に気付き、物流不動産という不動産と物流の業際に身を置き、忙しく10年を過ごすことができた。

　お客様を追えば逃げられる、待っていてもお客様は来ない。そんな物流営業から、脱皮するために手にした物流不動産というビジネスには、これからの物流業の将来があるのだ。

第1節 物流不動産ファンドとは何か

　21世紀を迎え、物流業界では勝ち組、負け組がはっきりしてきた。幅広くお客様に営業接触を持ち、お客様にとっての物流改善を提案できるところは勝ち残る。しかし、過去の習慣から抜け出せないで待ちの営業を続け、言われたことだけをこなす物流企業は見向きもされない。さらに、第3の物流事業者としての外資系物流不動産ファンドの影響も大きい。メガ倉庫の建設が相次いだ。なぜ、外資なのか、なぜメガ倉庫に人気があるのか。彼らは如何にして、高い収益率を確保できているのか。その謎を解き明かしてみよう。

●時代の変化を見逃した物流企業

　日本の高度成長が鈍化し、景気が傾き始めたころにSCM[4]、3PLといったお客様に最適の物流を提案し、物流コストを削減する技法が海外より入ってきた。

　もともと物流業界には、お客様のコスト削減＝自社の売上減という考えがあった。「なぜ売り上げを減らすことをわざわざ考えるのか？　利益の減少する行為を提案するのか？」という疑問を抱く人間がほとんどだった。私もその内の一人だった。その後、外資系物流不動産ファンドが進出し、3PLの考え方が広がっていった。

●ファンドの作る物流施設は、働く環境を作る

　外資系物流不動産ファンドの出現は、物流企業にとって収益の根本となる物流施設を大きく様変わりさせた。

　従来の倉庫は、ただ荷物を保管するためのものだった。満足な休憩室もなければ、女性用トイレもない。コンクリートがむき出しで、照明も薄暗い。彼らの作り出す最新の物流施設は、美しい外観、入り口はホテルのようであり、女性用トイレには、パウダールームと表示されている。空調の効いた休憩室もあ

---

[4] サプライチェーンマネジメントの略。調達から商流までを管理する。

る。建物自体には免震、制震技術が導入され、太陽光発電などのエコ設備もある。また、コンビニや託児所を併設するような物流施設も出てきている。利用するお客様にとっては、魅力溢れる快適な空間の提案なのだ。倉庫という不動産を地主、投資家、建築、運営、金融機関が分担して開発したからこそ、価値のある不動産としての倉庫ができあがった。しかも、各社にとっても魅力的なリターンを提供しているという。こういった状況に置かれていても、物流会社のほとんどが従来のままの物流施設で、従来の営業方法を続けることで安閑としている。

物流業界では同じことをやっているという安心感が現場の社員に漂っている。結果として会社の経営が圧迫し、低い利益率のために社員には減給、事業縮小のための解雇という現実が突きつけられる。そこで騒ぎ、会社に文句を言うのは、"井の中の蛙"と呼ばれても仕方がない。

このような悲劇を起こさないためにも、現実を直視する。物流施設の現場で何が起こっているかを目の当たりにすれば、営業マインドががらりと変わるはずだ。

■ **物流ファンドビジネスの一例** ■

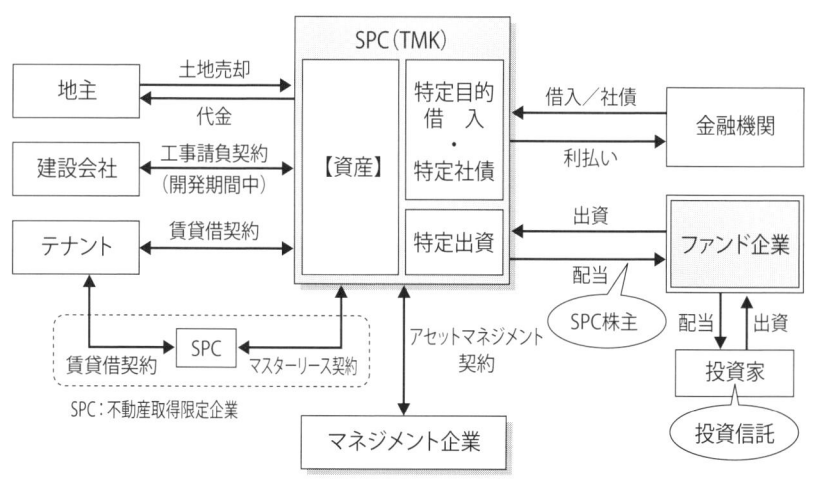

第2節 倉庫営業の失敗がチャンスに

　物流不動産ビジネスは昔の失敗の経験から生まれた。新人営業マンのときに会社をクビになりかけた事件があったのだ。まさに「ピンチはチャンス」となった。

●初の営業で新規3件獲得

　勤めていた倉庫会社で営業に配属され、やる気まんまん。ちょうど自社倉庫に空きが出たので、お得意先5社、先輩からの紹介先3社、新規開拓先2社に同時に営業を掛けた。

　「銀座から至近、利便性が非常に高い倉庫です」。行く先々でガムシャラに売り込んだ。時は、バブル景気が一段落した平成3年。努力は実る、ひたすら営業に掛けていた時代だ。

　おかげで3社からオファーを貰い、条件のいい1社に貸すことになった。残り2社にお断りの連絡を入れたところ、1社から「自分から借りてほしいと頼んでおきながら、今更貸せないとはどういう事だ!」とものすごい剣幕で怒鳴られた。

　そのお客様も、役員会議で荷物を移動する承認を得ていて、「やっぱり移動は中止」とは言えない状況だったらしい。

　当時の上司からは倉庫の営業について、こんこんと諭された。「倉庫は待ちの営業。親しい間柄の倉庫会社や、銀行などに空きが出る事をほのめかす。そうすると、向うから情報が来るから、ゆっくり吟味すれば良い。先方から、倉庫があるかと聞かれるのだから、断るのは問題ない」。空いている倉庫があるのに、のんびり構えていれば良いという、殿様商売の考え方にとてつもない違和感を受けた。お客様から叱られるよりはましと、おとなしくしていた。

●電話で空きはなし。だが、飛び込むと空いている

　自分がクビにならないためにも、お断りした会社に倉庫を提案しなければならない。電話帳で調べて、近くの倉庫会社に電話するも、全く空きはなし。居

ても立ってもいられず、手当たり次第に倉庫会社に飛び込み、空きの情報を確認。トラックドライバーにまで情報がないかと聞いて回った。ワラにもすがる思いだ。

　その中で、会社の近くにある倉庫会社に空きがあるという情報が。電話で確認したときは満庫という話だったのに。腑に落ちないながらも訪問したら、「予定していた荷物がキャンセルになり、大変困っていた」とのこと。電話で確認したときに、空きがないと言われたことを持ち出すと、「会ったこともない人に自社倉庫が空いています、なんて恥ずかしい話は言えない」という回答。困っているのに、ただ待つだけしかできない営業に唖然とした。こちらも待ちの営業をしていることを知り、この病は倉庫業界全体に広まっていることを実感した。

　運良く倉庫の条件は合致し、お断りしたお客様とも契約になって無事落着。約300万円／月の売り上げが倉庫会社に入る事になり、担当者は大喜び。私は紹介料として、会社の売上実績を上げることができた。

　倉庫の空き情報を表に出せない営業。どんなに苦しくても、話がくるまで待つというプライド高き殿様商売。このままでは、倉庫業界は必ず危なくなるという危機感を抱いた。そして、そのピンチはやり方を変えればチャンスになることも漠然と感じることになる。信用できる相手に限って、情報を広く出せる方法があれば、倉庫営業も変わるだろうと考えた。

　このピンチをチャンスに変えた経験が、現在のビジネスと日本最大級の物流不動産情報のポータルサイト「イーソーコ.com」(http://www.e-sohko.com) へとつながっている。

「ピンチはチャンス」を実感

第3節 変わりたくなかった業界

　物流業界は20年昔までは、規制業種、特権営業、地域独占が許された護送船団方式で生きながらえてきた。料金は物価上昇率にスライドし、必然的に物流企業には利益が残るタリフ（料金表）というものが定められていた。だから、待ちの営業でも許されるし、変化や挑戦よりも時間がたつのを待てば良かった。会社の体質も、競争よりは地域協調で、他社の動向さえ気にしていれば良かったのだ。すべてが平和で日だまりの日々に、ビッグバンは訪れた。

●すべて自社倉庫が中心

　物流企業にとって倉庫と言えば、自社倉庫しか意味しなかった時期もある。倉庫免許は自社物件でなければならなかった。

　だから「自社倉庫に空きがでないようにする」「荷物の保管依頼があったが、自社倉庫に合っているか？」。すべて自社倉庫が中心となっているのは仕方のないことだ。自社倉庫が埋まっていれば、それで安心もする。倉庫ビジネスでは自社だけでなく、他社の物流施設を有効活用する必要があることに、気付いている社員は当時もいたはずだ。しかし、失敗を恐れて会社に提案する社員は少ない。新しいことに挑戦することを面倒だと考える社員もいる。

　"失敗が嫌だ" "新しいことは面倒" という社員が集まると、他社の物流施設を有効活用する考えは否定される。「自社倉庫が空いているのに、わざわざ他社の施設を活用する必要があるのか？」という論理がまかり通ることとなる。

　そこには、お客様の利便性やお客様目線の考え方は存在しない。

●評価方法が減点法という風土

　物流企業にとってお客様の商品や荷物を、責任をもって安全に保管、運送するのが使命。銀行が預かったお金を管理するのと同様の考え方だ。間違えるということ自体あり得ないとされている。荷物の紛失や、破損、誤出庫、誤配送して、数が合わなくなると弁償する。「当たり前」のことを「当たり前」にこなして100点。もしミスをしてしまったら、100点から点数が引かれていくこ

とになるので評価方法は「減点法」だ。

　社員が大きなミスや、度重なる小さなミスで失った信用を取り戻すのには、長い年月が必要だ。その間、加点する評価基準がないため、ミスをせずに仕事に取り組まなければならない。減点主義は官僚主義とも言われているから、まんざら間違った制度や風習ではないけれども、規制緩和の自由化が進むという、競争環境の中では出遅れや停滞を招く、避けなければならない制度でもあろう。

　失敗を恐れず！チャレンジこそ成長の秘訣だ！

■ 従来の営業 ■

第4節 倉庫には改革が求められている

　上司・先輩から教えられたからという理由だけで、仕事をしていないだろうか？　上司・先輩の時代と今は違う。時代とともに最適なやり方は変わっているのに、常識や慣習にとらわれ、やらなくてもよい仕事を疑いもせず続けている。より良く、より効率的にという考えを失った業界には未来はない。

●本当に意味があるのか？をもう一度見直す

　常識や慣習にとらわれることの無意味さの例として『やっぱり変だよ、日本の営業』（宋文洲著）の中でストーンキャットという話が紹介されている。
　教会の牧師が可愛いがっていた猫が、牧師が代々変わるにつれていつの間にか石造りの猫となって祭壇の中心に据えられ、あたかも猫が神聖な存在まで祭り上げられたという笑い話だ。伝統を守ると言えば聞こえがよいが、続いてきた仕事や習慣を、改めて見直しその意義や意味を考えることは必要なのだという警句になっている。従来の営業活動も、この際もう一度見直すべきではないだろうか。

●過去と他人は変えられないが、未来と自分は変えられる

　神聖視されていた猫の像だが、そもそもは普通の野良猫。神聖視する理由は特にない。存在しているということが長年積み重なっていくことで、人びとが崇高なもので、意味深いことであると思い込んでいっただけだ。物流業界にも同じような悪い慣習がはびこっていないだろうか。お客様満足経営と言いながら、片方では自社倉庫の範囲と得意な領域だけで、と制限を付けてみたり、自社の都合の範囲でお客様に満足を提供しようというのでは、これからの時代には厳しいだろう。業界に続く常識を疑い、あえて常識を打ち破ってゆく試みが必要なのではないだろうか。
　過去と他人は変えられないが、未来と自分は変えられる。どうみても合理性のない古い常識や慣習は勇気をもって一日でも早く打破し、自己改革と社内改革を断行してもらいたい。進化論を唱えたダーウィンは、「この世に生き残る

生き物は、最も力の強いものか。そうではない。最も頭のいいものか。そうでもない。それは、変化に対応できる生き物だ」という考えを示したと言われている。変化に対応し、新しいビジネスを開始するためのヒントが、ここに書かれている。

●倉庫を不動産ではなく、空間や情報としてビジネスにする

物流不動産ビジネスは、倉庫業と不動産業の融合であり、倉庫という不動産を唯一無二のものとしてではなく、お客様の真の目的に最もふさわしい手段として、物流施設を提供していくビジネスとくくり直すことなのだ。

倉庫を不動産と捉えれば、オーナー[5]とユーザーが利用条件で対立する。しかし、双方にとってのメリットや付加価値の余地はないのか、と探して創り出せば、新しい価値にいずれも満足を与えることができる。それは工事であるかもしれないし、資金の提供かもしれない。さらには、運営のための動員や働きがいのある職場作りかもしれない。それが物流不動産ビジネスと呼ばれるものなのだ。その中には、外資ファンドが開発した超大型物流施設も含まれる。

---

[5] 不動産（物流施設）の所有者。

第2章

物流不動産ビジネスとは何か

　物流の不動産をビジネスにする、ただそんな簡単なものではないが、難しく考える必要もない。大資本が必要なわけでもなく、極めて優秀な技術や知識が必要なわけでもない。

　私は物流が好きでこの業界で育ってきたから、もっともっとこの業界を元気にしたい。バブル崩壊があり、一気に不景気となった。それなのに、いつしか黒船外資ファンドが登場して、メガ倉庫が続々と建設されてきた。どれもが、初めて見る施設と装備。しかも、ファンドは好調な業績をたたき出している。

　日本の物流企業にも最先端の3PLというコンセプトを掲げた企業が登場した。どんなチャンスがあったのだろうか。不動産と関係があるらしい、建設業とも深いつながりがある。何より、メガ倉庫の開発だ、転売だ、イグジット[6]戦略だ、と金融用語も回っている。一体何物なのだ、物流不動産とは。

---

6) 出口戦略のこと。金融、不動産業界では、開発物件を最終的には売却して手放し、次の開発に進むことまで計画に織り込んでいる。

第1節 物流施設で新たなチャンスを掴む

　価格競争に疲れた市場をレッド・オーシャン、競争のない未開の地をブルー・オーシャンと呼ぶ。参入企業が少ないために価格競争には陥りにくく、利益率の高いビジネスが実現する。物流不動産ビジネスの市場は、参入企業の少ないブルー・オーシャンなのである。物流企業にとって、新しい収益モデルを始めるには今がチャンスだ。

●お客様を一気に広げられるのがブルー・オーシャン

　従来の市場が過当競争に陥っていても、そこに別業界のビジネスモデルや、全く新しい価値観を加えることで、未開拓市場を構築することができる。

　物流不動産ビジネスは物流企業のスキルをベースに、物流施設に関連する不動産、建設、金融、ITを統合化、総合化、有機的に結び付ける未開拓市場なのだ。物流業から発展させるビジネスモデルのため、物流企業には比較的参入がしやすく、また他業界からの参入障壁が高いのもメリットだ。物流の知識を活かしながら、不動産や建設、金融、ITといった他業界のビジネスモデルを組み込んでいくことで、新しいお客様を開拓し、新しい価値を追加して、不動産特有の対立交渉を避けるビジネスを開始することができる。

　所詮、倉庫ではないか、という外野の声が聞こえてくる。倉庫を必要とする産業には何があるか。製造業、小売業、卸業、医薬・医療、教育、飲食・宿泊などのサービス業、そして官公庁や行政自治体、およそすべての産業には、規模こそ違えども、物流を必要としている。物流とは倉庫と配送だけではない。今や生産基地であり、サービス拠点であり、ITや人材の集うところでもあるのだ。倉庫にオフィスを構える通販企業やIT業界は珍しくなくなった。倉庫のように天井が高く、広い空間は、想像力を必要とするビジネスにはふさわしい。私たちが気付かぬうちに、倉庫は至る所に存在している。年を重ねた建物だけが倉庫ではないのだ。倉庫を扱うビジネスがブルー・オーシャンと言っても、気付かぬ者には何も見えてこない。

●倉庫の数だけチャンスがある

　物流不動産ビジネスの基本は物流施設を、マンションやオフィスビルといった不動産と同じように、賃貸や売買するものだ。借りたいというお客様と空きのある倉庫、倉庫を保有しているオーナーを紹介して、そのリーシングフィー[7]を収益とする。さらに、自社で借り上げて物流業務を展開したり、小さく区分けして転貸（マスターリース）したりすることもできる。従来の物流業務が活かせるビジネスモデルとなっている。

　従来、物流企業が自社保有する施設は、そこで物流業務を行い、その物流業務の対価を得るためのものだった。運送企業は、荷物の整理や積み合わせのために、広いスペースが必要であり、倉庫や荷さばき場を所有していた。

　自社業務の一環であれば、荷物量が減れば収益も減る構造だ。しかし、ここに物流不動産ビジネスを取り入れれば、従来の物流業務による収入に加え、倉庫をそのまま貸すだけで、不動産の安定した収益を上げることができる。倉庫の数だけ、ビジネスチャンスがあるのだ。物流作業のように多くの社員、パート・アルバイトなどを雇う必要もなくなる。誤配送や、ピッキングミス、荷物の破損などの対応に追われることもない。同じ倉庫を利用しているのに、利益率が非常に高いビジネスなのだ。

ブルー・オーシャンは豊かな漁場だ

---

7) 不動産用語：賃貸借の成約時に仲介業者に払われる手数料のこと。

第2節 他社倉庫を利用したビジネス

　宅建業免許がなくても、物流不動産情報と宅建業免許を持つ企業とのネットワークを活用すれば取り組むことができる。自社の物流サービスとのシナジー[8]効果で新たな収益を上げられるのだ。

●自社倉庫がなくても始められる

　物流不動産ビジネスは、空き倉庫情報と、倉庫を探しているお客様の情報の両方が手に入る。それをマッチングさせるビジネスだ。従来、物流企業であれば倉庫を探しているというお客様に対し、自社施設だけを提案、提供していた。これでは、自社が持っている倉庫でしか対応できずに、事業が限定されていた。

　多くの倉庫情報に触れ始めると、他社の空いている倉庫を自社で賃借し、それを部分的に運用することでお客様を取り込むことも可能になる。借りた倉庫を自社で物流事業を行い、借りた倉庫の一部または全部をお客様に貸しても良いのだ。これが転貸、マスターリースという手法だ。

　今までの自社倉庫中心から規模の枠を取り払い、お客様の需要に合わせた事業展開ができるのだ。いわゆる、ノンアセット型の物流事業展開だ。他社倉庫の情報を多く持てば持つほど、営業の可能性が広がり、様々な要望にも対応でき、新たなお客様を獲得できることになる。

　新たな倉庫を建設することは、大規模投資を必要としており、収益拡大にもなるが、お客様が解約されたときはリスクでもあった。事業の拡大を他社倉庫の有効利用で行えば、空きリスクを回避しながら、収益拡大につなげることができる。

●フレキシブルな自社倉庫の運用が可能に

　多くの物流企業が、自社倉庫を保有している。その収益をさらにアップする

8）相乗効果、関連事業への影響。

方法もある。例えば、ある物流企業にお客様A社から「御社の倉庫を使わせてもらえないか?」という問い合わせがあったとしよう。条件も非常に良いが、その倉庫はお客様のB社で埋まっていた。A社としては、その場所にある倉庫でなければ条件に合致しない。これまでであれば、物流企業は空きがないと断っていた。しかし、多くの空き倉庫情報を持っていた物流企業は、自社倉庫に入っているB社と荷物移動の交渉を行い、外部倉庫へ移すことを了承してもらった。自社倉庫に空きスペースを作ることができた。そして、問い合わせのあったA社の荷物を自社倉庫で預かることに成功した。結果、既存お客様B社と条件の良いお客様・テナントA社を自社に取り込むことができたのだ。

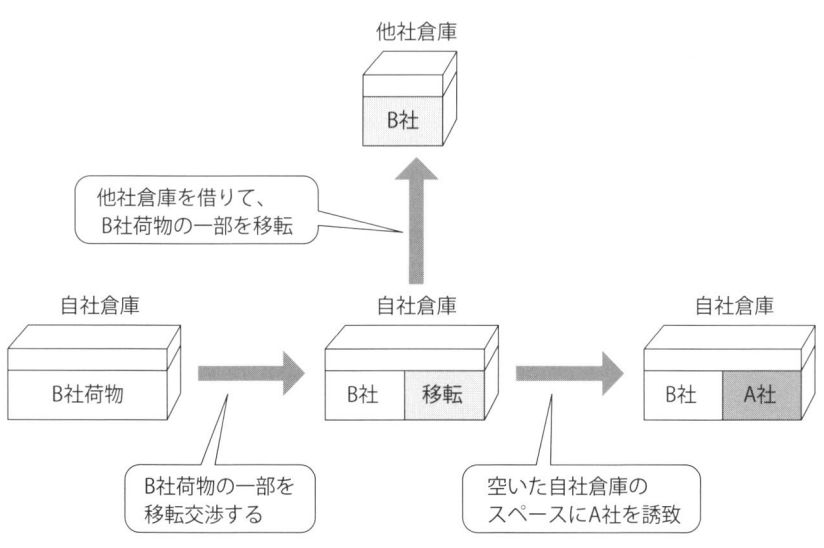

■ 移転スキーム図 ■

> 自社の倉庫が埋まっているからと言って、
> 新しいお客様を誘致できないわけではない。
> 自社の倉庫が小さくても、それ以上の荷物を扱うことができるのだ。

第3節 3PLは物流不動産ビジネスの応用技だ

　物流業界で拡大している3PLでも物流不動産ビジネスが大きく関わっている。3PLはお客様の物流を全面的に見直して、最大のコスト効果が現れるように物流構造の転換を提案することに注力する。輸配送しかり、倉庫の立地しかり、運営や情報システムの再構築までも含まれる。そこでお客様にとって大きな関心事は、どこにどのような倉庫を設定するのか、という物流施設の条件なのだ。

　立地を初めとして、周辺環境や、設備など多くの物流施設に関する要素を考え、荷主の総合的な物流コストの改善ができる倉庫を提案できなければ、3PL契約を勝ち取ることはできない。私がビジネスを本格的に始めたとき、最も熱心なお客様は先をたどると3PL事業者であったことから、ようやく気付いた。彼らもまた私と同じように、倉庫の重要性に早くから気付いていたのである。大がかりな物流コンペが主催されると、複数の企業から同じ条件の倉庫照会が当社に集中する。

● 3PLにとっての物流不動産

　3PLのリスクとして、お客様との契約期間が短いことがあげられる。限られた期間内に、物流改善の結果を求められ、結果次第では契約が打ち切られる可能性があるのだ。そのため、自社でお客様専用倉庫を建設することは、リスクが大きすぎる。巨額の投資に見合った、安定収益を見込めないためだ。自然と3PLは、契約期間を区切ることができる賃貸倉庫を活用するノンアセット型（自社倉庫を保有しない事業体）となっていった。

　また、3PLが一気にノンアセット型に舵を切ることで、お客様の業態にとらわれずに、自由自在に提案活動を続けることができる。各地に存在する様々な倉庫を自在に組み合わせて、お客様に対して最大効率の提案をすることが可能になった。アセット[9]型であれば、自社倉庫のスペックにあった企業の荷物

9）ASSET：不動産などの資産を持つこと。

しか扱うことができず、対象とするお客様や業界に制限が掛かってしまうからだ。

●物流不動産のノウハウを活用

3PLの中には大型倉庫を全部借り上げ、小分けした形でお客様に転貸している企業もある。立地に優れた大型物件を利用したくても、大きすぎて規模が合わないお客様へ、分割利用してもらうという手法だ。

倉庫の分割利用や小分け転貸などのやり方は、物流不動産ビジネスにも通じるものだ。3PLにとって、物流不動産ビジネスのスキルは注目されていくだろう。

■ 3PLに必須な物流不動産 ■

自社倉庫にとらわれずにお客様にとっての最適な物流施設を探し出す

第4節 物流と不動産、CRE戦略とは

　わが国の不動産は総額2,300兆円、そのうち法人所有は470兆円にもなる（2008年現在）。不動産の最大所有者は製造業であり、工場や土地そのものであることがわかる。第3位に位置する運輸業とは、倉庫業も含み、その規模は42.5兆円となっている。長く続く不況下にあって、不動産は企業にとっての人、モノ、カネ、情報についで5番目の資源として、注目を浴びざるを得ない。その契機となったのがCRE戦略だ。

●物流と不動産は切り離せない

　物流効率は在庫や配送センターなどの配置によって確定する。生産地と消費地の中間点に持つことが、配送効率の時間やコストを決定づけるからだ。アウトソーシングやロジスティクスの抜本的な構造改善では、倉庫や配送センターの立地が重要課題になっている。物流を見直すとは、すなわち物流不動産そのものを見直すことにつながるのだ。

●CRE[10] 戦略とは

　バブル以前、不動産の代名詞であった『土地神話』は確かに崩壊した。所有することが、短期・長期の価値上昇を約束されないなら、所有の目的が失われたのだろうか。

　従来、不動産は経営トップの専権事項であり、総務部や管理部の管轄であった。売買や管理は専門業務となり、本来の経営目的＝営業利益の追求、とは別格に位置づけられてきた。

　そのため、崩れた土地神話により値上がりが期待できず、長く続く低金利時代においても、不動産が持つ収益構造が注目されることは少なかった。遊休地として塩漬けにされた土地も確かにあったのだ。

　自社保有の土地・建物はコスト感覚が失せて、バランスシートには計上され

---

[10] Corporate real estate の略。CRE 戦略とは、法人所有不動産の活性化戦略を意味する。

ていても、損益計算に影響する＝営業活動とは無縁の位置に放置されてきた。

● **不動産を働かせて、収益の柱に育てよう**

　重要な経営資源であるから、その活用によって収益の柱に育てなければならない。遊休地などとして、遊ばせておくわけにはいかないのである。所有はすなわち、資産税や管理コストになるからである。そこで、昨今では「物流に使える土地を再評価したい、できれば収益源に格上げしたい」という、不動産所有者のニーズが確実に表面化してきたのである。

　企業オーナーや専門家でなければ、「不動産は扱いが難しいもの」という認識は確かにそうである。不動産の賃貸や売買の仲介といった不動産事業を行うには、宅地建物取引業（宅建業）という免許が必要である。宅建業免許を取るには、宅地建物取引主任者（宅建主任者）という資格を持った人材が必要となる。

　物流不動産ビジネスの初期段階は物流事業の延長、付帯事業として、不動産保有企業や宅建業免許を持つパートナーとのジョイントビジネスを志向し、段階的に自らが物流専門の不動産事業を行うことを目指そう。

　CRE戦略により、不動産保有企業も物流用地への転用取引が活発化してきている。物流の不動産市場は十分に熟しており、チャンスは確実に広がってきているのだ。今こそ、不動産を勉強するチャンスなのだ。

■ **法人所有の不動産規模** ■
法人が所有する不動産の資産額推計（2008年1月1日現在）

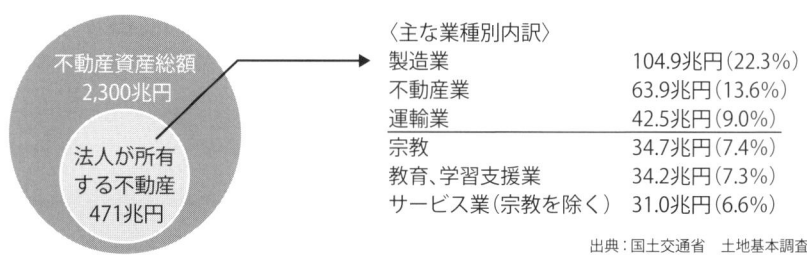

〈主な業種別内訳〉
製造業　　　　　　　　　　104.9兆円（22.3%）
不動産業　　　　　　　　　 63.9兆円（13.6%）
運輸業　　　　　　　　　　 42.5兆円（9.0%）
宗教　　　　　　　　　　　 34.7兆円（7.4%）
教育、学習支援業　　　　　 34.2兆円（7.3%）
サービス業（宗教を除く）　 31.0兆円（6.6%）

出典：国土交通省　土地基本調査

第5節 許認可事業としての、不動産事業

物流不動産ビジネスとしての不動産事業[11]とは土地・建物の賃貸や売買の仲介業務を主に行うものである。

第4節にも説明したが、不動産事業の実施においては、宅建業という免許が必要である。宅建業免許を取るには、宅建主任者の資格を持った人材が必要となる。物流不動産ビジネスは、物流業と不動産業を組み合わせた、業際における総合事業であるから、宅建業法の知識と免許取得が望ましい。

●初めは自社倉庫から

自社倉庫や自社が保有する不動産を賃貸させる場合には、宅建業免許は不要である。また、協力パートナーが不動産免許を持っている場合には、自社不動産を取り扱わせることも可能である。

「不動産免許が無ければ物流不動産ビジネスができないのか」という質問には、「本格的に業務として行うならば、取得することをすすめる」と答えておこう。

●ハードルが高いのは錯覚だ

不動産事業を避ける傾向は確かにある。それは、土地神話やバブルの際に不動産でひどい目に遭った経験からだ。取得しようとしたが目先で値がつり上げられたり、短期売買を目論んでいたが膨大な徴税が課せられたりと、不動産事業者にとっては暗黒時代があった。

しかし、今再びCRE戦略として不動産に注目が集まっている以上、不動産に対して怖じ気付くことは禁物だ。売買、仲介、紹介そして管理やアフターフォローという不動産業特有の息の長いビジネスは、報酬制度が整っている。

"千三つ"と揶揄される契約チャンスの低さは、不動産を目的として扱うからであり、唯一無二の不動産は、貸し手、借り手ともにより高く、より安くと

[11) 許認可事業免許が必要である。

交渉が長期化するから成約率が下がるのだ。

　物流不動産ビジネスでは、倉庫はあくまで空間であり、情報基地であり、手段である。お客様が倉庫を欲しがるとき、その理由と背景と将来性に着目すれば、唯一無二の目前の倉庫にこだわる必要性はないと言える。

　提案、運用、将来性、そして物流性能を説くことで、あなたの薦める倉庫がベストな選択として決着する。倉庫は一つではない、目前にあるものだけが倉庫では無いからなのだ。

■ 不動産取引において、宅建業の免許が必要な事例 ■

	自社物件	他社物件の代理	他社物件の媒介
売　買	○	○	○
交　換	○	○	○
賃貸借	×	○	○

■ 宅建業免許の種類 ■

免許権者	
国土交通大臣免許	二つ以上の都道府県の事務所で営業
都道府県知事免許	一つの都道府県内の事務所で営業

■ 不動産事業を規制する主な法律 ■

		事業を規制する法律
不動産取引業	建物売買業・土地売買業	宅地建物取引業法
	不動産代理業・仲介業	宅地建物取引業法
不動産賃貸業	不動産賃貸業	―
	貸家業・貸間業	―
	駐車場業	―
不動産管理業	分譲マンション	マンションの管理の適正化の推進に関する法律
	賃貸住宅・オフィスビル等	―

第6節 宅建主任者の資格取得は難しくない

通信教育は様々な分野に浸透してきている。私たちが目指すべき、宅建主任者資格取得もまた通信教育のベストセラーでもある。通学、独学だけでなく、通信教育で業務の合間に、通勤時間に学び、そして合格する人はたくさんいる。物流不動産ビジネスに本格的に取り組みためには、是非取得を目指してほしい。

● 宅建主任資格[12] 取得のプロセス

個人であれ、法人であれ、不動産事業に専従する社員は宅建主任の資格を持つ必要がある。試験は国家試験であり、毎年受験のチャンスがある。通信教育の教材は豊富であり、インターネットやスマートフォンでも学習できる。

試験内容は宅建業法、権利関係、法令上の制限、税・その他の4項目からなる。合格率は15%前後と言われているが、専用の教材を利用して本気で学習すれば、半年の準備があれば合格できるだろう。

● 宅建業法の優位性

宅建業免許によって賃貸や売買の仲介業務を事業とするわけであるから、業法に定められた正規の手数料収受を行うことができ、通常は売買価格の3%、賃貸借契約では、最大、月額賃料1ヶ月分が報酬となる。

従業員は専従、専任することになるが、通常の不動産業務よりも幅が広く、また物件や案件のリピート率が高くなるので継続性がある。

物流施設では工事や金融、物流事業の関連もあり、パートナーシップを構築しやすいメリットがある。また、物流不動産ビジネスは一般不動産のように競争事業者が多くないので、お客様の事業成長に伴い、物流施設の拡張、移転、統合、再構築などのタイミングにおいて、必ずチャンスがある。一般に物流業務のアウトソーシング契約は1～2年で再契約となるが、再提案の有無や業務

---

12) 宅地建物取引主任者資格。

委託の信頼構築は厳しい面があり、平均値では5年程度で業者交代が行われているようだ。しかし、その際にも物流施設の移転の際には、従来の付き合いのある宅建業者を利用することが多い。

いわば、物流不動産ビジネスは中長期にわたる安定事業と言えるであろう。

■ **宅建業免許申請（平成23年東京都知事免許の場合）** ■

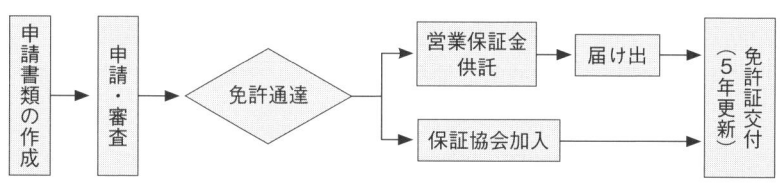

順序	書類の名称	書類の要否 法人	書類の要否 個人
1	免許申請書（第一面～第五面）（様式第1号）	○	○
2	相談役及び顧問、5％以上の株主・出資者等の名簿『添付書類(4)』（第一面、第二面）【法人申請のみ】	○	×
3	身分証明書（代表取締役、取締役、監査役、代表執行役、執行役、専任の取引主任者、政令使用人、相談役、顧問の全員について必要）	○	○
4	登記されていないことの証明書（代表取締役、取締役、監査役、代表執行役、執行役、専任の取引主任者、政令使用人、相談役、顧問の全員について必要）	○	○
5	代表者の住民票【個人申請のみ】	×	○
6	略歴書（代表取締役、取締役、監査役、代表執行役、執行役、専任の取引主任者、政令使用人、相談役、顧問の全員について必要）『添付書類(6)』	○	○
7	専任の取引主任者設置証明書『添付書類(3)』	○	○
8	宅地建物取引業に従事する者の名簿『添付書類(8)』	○	○
9	専任の取引主任者の顔写真貼付用紙（顔写真を添付）	○	○
10	法人の履歴事項全部証明書【法人申請のみ】（現在事項全部証明書では受付できません）	○	×
11	宅地建物取引業経歴書『添付書類(1)』（第一面、第二面）	○	○
12	決算書の写し（表紙、貸借対照表及び損益計算書）【法人申請のみ】※申請直前1ヵ年分　※新設法人は「開始貸借対照表」を添付する。	○	×
13	資産に関する調書『添付書類(7)』【個人申請のみ】	×	○
14	納税証明書（税務署発行。様式その1）※新設法人は添付不要。	○（法人税）	○
15	誓約書『添付書類(2)』	○	○
16	事務所を使用する権原に関する書面『添付書類(5)』	○	○
17	事務所付近の地図《案内図》	○	○
18	事務所の写真（間取図・平面図等が必要となる場合もあります）	○	○

詳細は、国土交通省（http://www.mlit.go.jp/totikensangyo/const/1_6_bf_000009.html）

第7節 3WINの関係を目指して

　物流不動産ビジネスはオーナー、お客様とあなたの三者にメリットを生まなくてはならない。私はそれを三方良し=win-win-win（トリプルウィン）と呼んでいる。オーナーには、新たなお客様に倉庫を利用してもらうこと。お客様は最適な倉庫を利用することで、輸送費や庫内作業費の削減といった物流改善が実現する。コーディネーターであるあなたには、リーシングフィーや関連事業の収益を上げることができるのだ。

●物流業界にはなかったトリプルウィン

　従来の物流業界で言われていたのはwin-winの関係だ。しかし、実際には、倉庫の空きが少なく貸手市場だった昔は、お客様の立場が弱かった。借手市場となった今では、お客様が倉庫料の減額を迫り、対立したwin-loseの関係になることが多い。

　物流不動産ビジネスを長期にわたって安定させるには、win-win-winの関係になることだ。ただ自社倉庫をお客様に提案するだけでは、従来の物流業界と同じになってしまう。そこで立地や賃料など、より条件の良い倉庫を探し、お客様にはより大きな物流改善効果を得られるように選択の幅を広げる。倉庫を持っているオーナー企業には、より賃料を高くするためのテナントニーズに合った設備投資の方法を提案する。そうすることで、オーナーにもお客様にも満足してもらえる。そして、双方に提案を持ちかけたあなたは、リーシングフィーといった収益を手にすることができる。

　トリプルウィンの関係は、一つの条件にとらわれていては成り立たない。お客様にとって真の目的は物流コストの削減にある。部分改悪であっても全体が改善されれば良いのだ。例えば、新たに借りる倉庫の賃料が高かったとしても、輸送費や人件費が下がりトータルの物流コストが下がるのであればお客様は喜ぶのだ。そのためには、お客様の物流改善にとって必要な、立地を初めとした周辺環境、スペック、設備、コストの複数の条件を知ることだ。これはお客様によって千差万別だ。同様に、物件にもそれぞれ立地などの性格がある。

この"お客様の条件"と"物件の性格"が合致したとき、初めてお客様には物流改善というメリット、オーナーには、相場より高い賃料で貸せるというメリットが生まれる。

●宅配便以来の物流業界の新ビジネス

物流業界の中で、一番の大発明は宅配便だろう。従来のBtoB[13]という物流の考えを、BtoC[14]に広げ、新たなビジネスモデルを構築した。物流不動産ビジネスも、倉庫を不動産という視点から離れて、様々な派生事業を組み合わせるということで、新しいモデルに仕上げている。だから、宅配便についで物流業界にインパクトを与えているのだ。

また、必要なビジネススキルが物流を中心としながら、不動産、建設、金融、ITと多岐にわたっていることから、一度習得すれば他社の参入が難しく、ビジネスモデルとしては評価される。宅配便以来の新ビジネスに参入するのは今がチャンスだ。

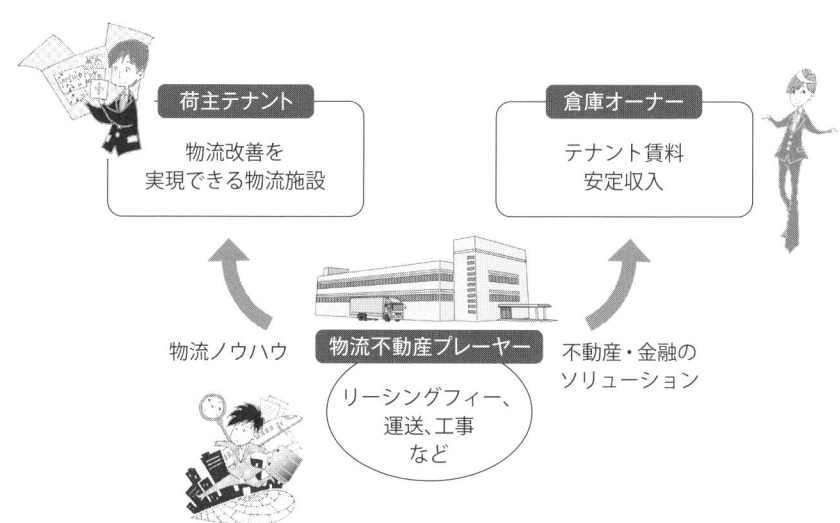

---

13) Business to Business：企業間取引。
14) Business to Consumer：企業対消費者取引。

第8節 老舗倉庫会社は不動産事業を重視

　大手物流企業の決算説明資料を見てもらいたい。老舗の物流企業は、不動産事業というセグメントを持っている。特に倉庫企業に顕著だ。売り上げ規模としては、物流事業に比べて小さいが、利益割合が大きい。その実体は、倉庫の賃貸や、倉庫用地の再開発、オフィスビルへの転用などで、不動産を事業として有効に活用していることが挙げられる。これが好業績の物流企業の実態である。不動産を多く保有している物流企業ほど、本来の輸送や保管といった物流事業収益ではなく、不動産事業から利益を上げている。

●不動産事業は、売り上げは小さいが利益は大きい

　物流企業の主力事業は言うまでもなく、輸送や保管という物流事業だ。これは、売り上げは大きいが、経費として事務や庫内作業などで人員を多く抱えていなければならない。そのため、人件費や下請け企業への支払い金額は大きくなり、利益率は非常に小さいのが実態だ。さらに、荷物の保管や流通加工といった物流サービスは、ほかの企業でもできる。同じサービス内容であれば、価格競争が発生し、より利益を圧迫することとなる。典型的なレッド・オーシャン状態に陥るのだ。

　一方で不動産事業は営業マンと建物の管理人だけで事業が進められる。一人の管理人が複数の物件を見て回ることができるので、物流事業に比べて人件費がかからない。不動産は唯一無二のものであるが故に代替が効きにくく、物流サービスほど価格競争になっていない。

●三菱倉庫の決算書を見てみると

　物流会社の中でも不動産を多く保有しているのは倉庫企業だ。その最大手である三菱倉庫の決算書を見てみる。決算短信の中には、必ずセグメント情報というページがある。企業活動のうちの事業ごとの売り上げと営業利益が出ている。

　三菱倉庫の倉庫・港湾運送等の物流事業の売上高は1,396億6,200万円。不動

産事業は362億1,600万円。売り上げでは、不動産事業は物流事業の3割もない。一方で営業利益を見ると、物流事業は49億7,400万円。不動産事業は、2倍強の111億700万円だ（平成23年3月期決算）。利益率で見れば物流事業が3.6％、不動産事業が30.7％と約8.5倍の差が出る。この期中では富士物流のM&Aなどもあったが、前年の平成22年3月期決算でも同様な傾向を示している。

　有価証券報告書にある各事業の従業員数を見ると、物流事業と不動産事業では携わる人員が10倍も違うこともわかる。

　このように、物流業でも不動産を活用して収益にしている物流企業は多い。本業の物流事業に比べて売り上げが小さいため目立たないが、利益の観点で見れば大きく、会社を支える大きな柱となっている。

■ 三菱倉庫の決算書 ■

3　報告セグメントごとの営業収益、利益又は資産、その他の項目の金額に関する情報
　　当連結会計年度（自　平成22年4月1日　至　平成23年3月31日）

	報告セグメント		合　計	調整額 (注1)	連結財務諸表計上額 (注2)
	倉庫・港湾運送等の物流事業	不動産事業			
	百万円	百万円	百万円	百万円	百万円
営業収益					
外部顧客に対する営業収益	139,662	36,216	175,879	—	175,879
セグメント間の内部営業収益又は振替高	401	1,111	1,513	(1,513)	—
計	140,064	37,328	177,393	(1,513)	175,879
セグメント利益	4,974	11,107	16,081	(3,917)	12,164
セグメント資産	157,961	102,374	260,336	90,088	350,425
その他の項目					
減価償却費	5,429	8,022	13,452	201	13,653
のれんの償却額	105	—	—	—	—
有形固定資産及び無形固定資産の増加額	4,425	1,973	6,398	123	6,522

（三菱倉庫株式会社　平成23年3月期決算短信より）

第9節 ビンテージ倉庫の活用法

　この10年、超大型高機能型メガ倉庫の建設が相次いだ。その影響を受けたのが、中型、小型の倉庫だ。それらは都心部にあり、築年数の経った「ビンテージ倉庫」と呼ばれる物件。立地、機能ともに現在の物流ニーズには合わず、新たなお客様が見つけにくい。このようなビンテージ倉庫も物流不動産ビジネスのリノベーション[15]手法によって、新たな客層を開発し、チャンスにすることができる。

●ネットワークが倉庫の活用を生む

　メガ倉庫の誕生により、複数倉庫をメガ倉庫に集約する動きが活発化した。集約過程で空いた大型倉庫には、今度は中型・小型倉庫を使っていた企業が集約する動きとなった。これを倉庫の玉突き現象と呼んでいる。

　こうやって最後に残り、空いてしまったのが中型・小型のビンテージ倉庫だ。保管型の多層階構造で築年数が経っていて、エレベーターが古く、荷下ろしや、積み込みに時間がかかる。さらに、都市化により周辺環境がオフィスや住宅街となってしまった倉庫だ。保管のためだけを考えて建てられたため、在庫をできるだけ持たず、リードタイムを短くするという現在の物流ニーズには合わなくなっている。

　物流の用途として利用が難しい倉庫だが、活用方法はいくらでもある。

　倉庫という巨大空間を活かすとすれば、よく応用されるのが撮影場所としてのスタジオだ。ビンテージ倉庫は、外装に風格のある建物が多い。時間を経た味わいがあり、撮影にはそのまま利用できるので、テレビや音楽のプロモーションビデオ制作などに重宝がられている。

　このようなユーザーニーズ情報も、物流や不動産の業界を超えた幅広いネットワークから入ってきて、ビンテージ倉庫を再び収益化できるのだ。

---

15) Renovation：建設用語。大規模改修などによって、建物資産価値を高めること。

●資産価値アップ、収入もアップする魔法の「倉庫リノベーション」

ビンテージ倉庫の最大の活用方法が倉庫の大改修・大変身というリノベーション手法だ。倉庫からオフィスや写真スタジオ、ダンススタジオ、店舗、ショールームなどへのリノベーションのことだ。古い倉庫に新しい息吹を吹き込む手法なのだ。

倉庫の特徴は天井が高く、柱間隔が広いことで、ほかの建物にはない大空間が生まれる。クリエイティブなビジネスでは、創造的な空間の演出とオフィスビルにはできない造作工事が可能となる。

イメージを重視するファッションやクリエイティブ産業の人びとは、想像をかき立て、自分の遊び心のあるイメージを実現できる大空間を求めている。それは既成の建物では実現できない。倉庫のリノベーションを実際に行い、利用しているお客様は口を揃えて言う。「ビンテージ倉庫を活用すると、何事にも既成概念にとらわれない自由な発想ができる。自分たちが望む創造的な空間が生み出せる」。

すでにある建物を壊さずに活用できるので、環境への負荷が小さく、オーナーのコスト負担も抑えられる。倉庫賃料は、通常のオフィス賃料より安いので、お客様としても、内装工事などにお金をかけることが可能となる。

倉庫の玉突き現象により、空きのできたビンテージ倉庫だが、倉庫リノベーションを活用して、従来の物流よりも、収益と建物価値が向上する。

私が物流不動産ビジネスで異業種ネットワークを重視するのは、物流を必要としている産業が多いばかりでなく、派生事業も広がってきていると実感しているからなのだ。社会や世間、地域の情報を収集していれば、倉庫を多目的に活用する方法は無限に広がっているといえるのだ。

【Before】 → 【After】
TBWA＼HAKUHODO「日経ニューオフィス経済産業大臣賞」受賞（2007年）

第10節 新しい売り上げを作る

　物流不動産ビジネスの目標はお客様の物流改善のために最適な物流施設を紹介し、自らも収益を上げることだ。物流に加え不動産、建設、金融、ITなどの業界の知識・ノウハウを融合したものになる。営業活動は今までの物流の常識と外れてくる。多くの業界知識が必要になるため、自らが知識を高めるまでは、異業種パートナーの力を借りなければならない。パートナーとの信頼関係が築ければ、物流以外の新たな収益源を得られる。

●不動産事業としてのリーシング（仲介）

　倉庫を持つ企業と倉庫を探している企業をマッチングさせるのが、リーシングだ。オーナーとテナントの不動産賃貸契約の仲介では、収益はリーシングフィーとなり、月額賃料の最大1ヶ月分を得ることができる。

　ただ単に倉庫物件のマッチングなら、あなたが登場する必要がない。単純に希望条件に合う倉庫を探すだけだからだ。断じて言えるが、お客様の希望条件に100％マッチする倉庫物件は、存在しない。オーナーとお客様の条件交渉は難航し、なかなか決着せず、次から次へと物件を飛び回ることになる。時間を浪費し、大概において徒労に終わる。

　お客様の倉庫を利用する真の目的、倉庫の評価や目利き、施設を探しているお客様の物流ニーズを聞き取るといった、物流コンサルティングのノウハウは欠かせない。そして、オーナーとお客様の信頼を得た段階で、あなたの薦める物件がようやく脚光を浴びることになるのだ。

　不動産を成約させるテクニックや契約書などの作成ノウハウも必要だろう。場数を踏めば自然に身に付くが、お客様の条件だけで探していては、倉庫は見つからないという事を覚えておいて欲しい。

　宅建業免許がない場合は、倉庫の紹介を通して、移転時の引っ越しの請負、改修工事、物流改善のコンサルタントとして両者間のコーディネートを行うことにより収益を上げることも可能だ。また、自社の物流サービスとのシナジー効果もある。いわば物流派生のビジネスパートナーとして、営業代行やサポー

ト手数料を確保することも可能だ。

●大規模開発に参画することも

　物流不動産ビジネスの経験を積んでいくと、大規模開発に参画することもできる。大規模開発とは、倉庫用地の取得から建設、開発に関するプロジェクトだ。土地の購入や倉庫の設計、建設だけでなく、完成した倉庫のリーシング、倉庫管理の業務に参画することで大きなビジネスになる。

　大規模プロジェクトになればなるほど、異業種企業と関係することが多くなり、その調整をする必要がある。そのときに物流ノウハウとともに関連する各業界のノウハウを持っていると、キャスティングボードを握ることができる。

　また、金融業界の知識を持っていると、資金調達や収支試算のアドバイスができる。銀行による借り入れから、市場調達、私募ファンドの組成といった新たな金融手法で、中小企業でも銀行に頼ることなく資金を集めて、大型倉庫を建設することが可能となっているのだ。専門的な知識かもしれないが、倉庫開発には必要であり、まだ完全に体系化できているわけではない。あなたの挑戦が必要な分野なのだ。

　このように、倉庫を基盤にしたいくつもの収益源が確実に存在し、これが物流企業にとって新たな柱となっていくだろう。

■ **物流不動産の収益項目** ■

運　送	輸送料
倉　庫	保管料
	荷役料
	流通加工費
	倉庫賃貸料（賃料）
不動産	リーシングフィー
	マスターリース
建　設	工事費
	設計費
金　融	AMフィー
	PMフィー
	CMフィー
	投資に対する配当
その他	

第11節 ランチェスター経営を進める

　零戦に驚き、空中戦のF6Fヘルキャットを眺めて、技術者ランチェスターは戦闘の法則を発見した。勝つための戦略というものだ。

●弱者の戦略

　弱者・強者の戦略というもので、強者とは1位を指す。それ以外は弱者である。マーケットでの地位だから、地域・商品・流通・お客様の単位でとらえる。売り上げ規模が大きいものが、必ずしも強者とは限らない。マーケットが未開拓のときには、強者は弱者を徹底的に叩きつぶそうとする。弱者同士も互いに、より下位を攻めて、反動でのし上がろうとする。この場面はどんな競争戦略にも共通している。

　弱者の戦略は、勝てるマーケットを探し出し、速攻で追い落とす。強者は総じて動きが鈍く、多少の損害には目もくれないから放置する。すると、アリの穴から堤防が崩れるように、限定的なマーケットが弱者の手に入り、強者に生まれ変わる、というのがシナリオだ。

　地域を限定して集中攻撃することで、中小企業でも大企業と戦える。ビジネスを全国区から始める必要はない。かといって地域を限定しない野放図状態では、いつまでたっても勝てる見込みはない。

●全国区では苛烈な競争、地方はまだ未形成

　メガ倉庫を最初に造り出したのは外資だった。そのモデルは多額の資金調達と用地取得から運営までを分担したジョイントベンチャー[16]方式だった。日本にも専門ファンドが登場し、熾烈な戦いをしている。あなたがこれから全国区にデビューする必要はないはずだ。

　ランチェスター理論を活用して、首都圏ならニッチを探し、地方区なら一番店を目指す。競争状況にまだ達していないようなら、強者の立場で参入するのだ。

[16) 事業共同体方式によるビジネス活動。

●局地戦に特化

　地元中心に未公開情報を手に入れることがポイント。イーソーコが運営する日本最大級の物流不動産情報のポータルサイト「イーソーコ.com」を利用すれば、全国2万8千件の物件情報（2011年11月現在）が誰でも手に入る。そこから地域を絞り、さらに独自情報を付け加え、情報の"量"と"質"を確保する。地域に特化し、地元企業という信用を武器に未公開情報を仕入れていくのだ。倉庫のオーナーに会いに行き「数ヶ月後には空きが発生する」「荷物を寄せれば100坪は空く」といった、隠れた情報を聞き出すのだ。

　そのためには地元企業という信頼とオーナーのところに足繁く通うことが重要だ。倉庫オーナーと頻繁に会い、良好な関係を築く。

　ランチェスター戦略に従い、未公開情報を多く持つことが、物流不動産の専門企業という評判につながる。「地元の情報で、あの会社がないと言ったらないのだよ」と言われるまで地元に特化すれば、他社が参入する障壁にもなっていく。他地域の情報依頼については、その地域一番店にお任せして、協調する関係を作り出す。互いに、地域一番店が誕生するのだ。

　これが私のすすめる物流不動産ビジネス成功の方程式だ。

地域の一番店を目指す

第12節 不動産事業を売り上げに追加する

　物流企業は基本的に同業他社を競合先としている。物流不動産ビジネスは、競合から協調・提携への大転換を行えるものなのだ。成功の条件は、第一に倉庫情報を増やすことであり、今まで関心を持たなかった競合先の他社倉庫情報（場所や規模、空きスペースなど）もどんどん収集し、活用していく。
　情報の蓄積により、多くのお客様への提案の幅が広がり、確実に売り上げアップにつながるからだ。

●ライバルの他社倉庫も自社倉庫と見なす

　「倉庫はすべて自社倉庫と思え」というのが物流不動産ビジネスの考え方。自社倉庫で受けられない仕事は、条件反射のように他社倉庫を賃借したり、紹介することでビジネスにするということである。他社倉庫を借り受け、運用することで、右ページのようなビジネス展開ができる。
　物流不動産ビジネスを利用することで、様々なパターンのビジネスを展開することができる。「空き倉庫」と「倉庫を探している」情報をできるだけたくさん集めることと同時に、実際の応用や転用を予測することも必要だ。いわばビジネスシナリオを組み立てる能力に掛かっているのだ。常日頃から物流不動産の情報にアンテナを張ることで、マッチングの可能性が高まり、ビジネスチャンスになっていく。

●信用と信頼がビジネスの基本

　まず地域での信頼性を勝ち取らなければならない。熱心な営業活動、地域に売れた顔、どこでもいつでも登場する名前、というように地域の話題を集めることが重要だ。今まで競争状態にあった物流企業同士で、互いの強みを活かし、保有している施設の特徴を捉え、どのようなお客様がいらしても、自社もしくは協調先の倉庫をスピーディーに提供できる、または即座に回答できる応用力が必要だ。
　そのためには、協調先とのギブアンドテイクの姿勢と実績を積み上げなけれ

ばならないが、一つ積めば必ず一つのビジネスが成果を生むことになるだろう。

　競争から協調へ、中小の生きる道は、強みのある自分の土俵を持つことと、ネットワークを強化して、自分の土俵をより広く、拡大していくのが、戦略の一つなのだ。

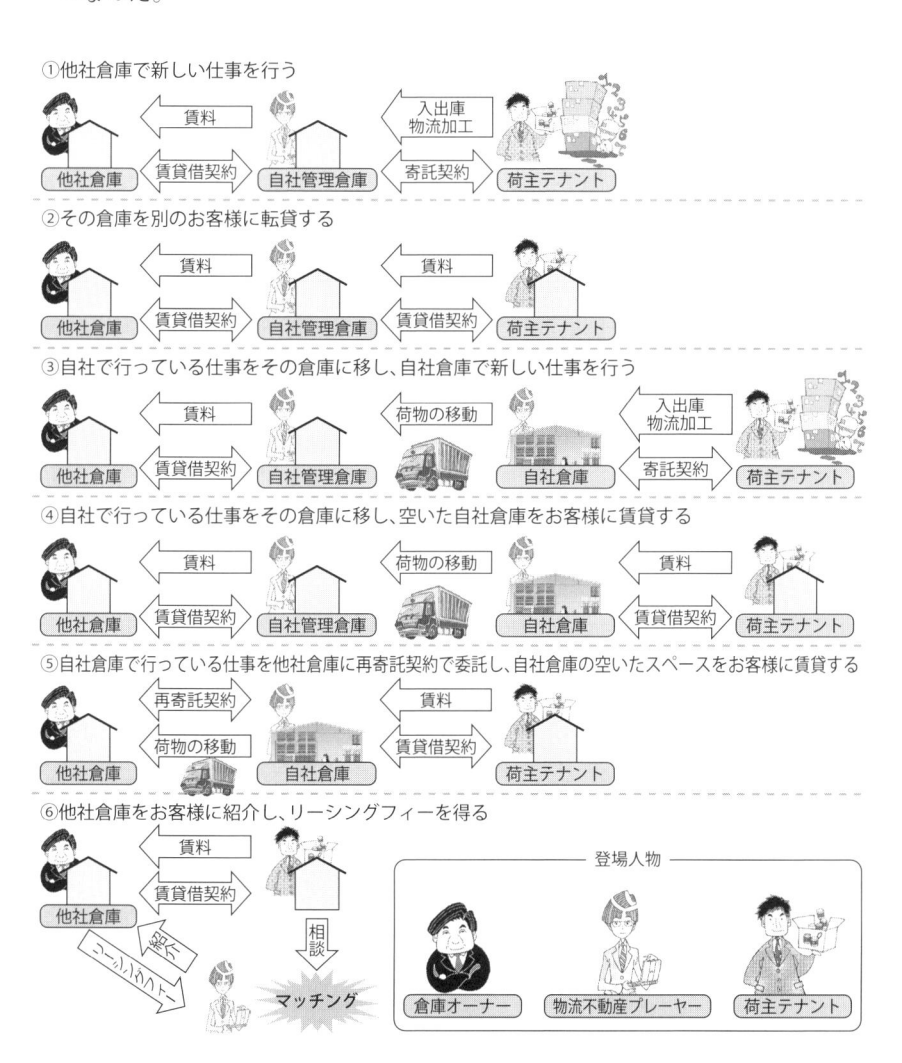

①他社倉庫で新しい仕事を行う

②その倉庫を別のお客様に転貸する

③自社で行っている仕事をその倉庫に移し、自社倉庫で新しい仕事を行う

④自社で行っている仕事をその倉庫に移し、空いた自社倉庫をお客様に賃貸する

⑤自社倉庫で行っている仕事を他社倉庫に再寄託契約で委託し、自社倉庫の空いたスペースをお客様に賃貸する

⑥他社倉庫をお客様に紹介し、リーシングフィーを得る

登場人物：倉庫オーナー、物流不動産プレーヤー、荷主テナント

第13節 付帯（改修）工事も売り上げにつなげる

　リーシングを行うと高い確率で工事が発生する。倉庫を、そのまま利用する場合はほとんどないのだ。工事の種類としては、入居時のオーナーが行うバリューアップ、お客様・テナントが行う改装、運用途上での補修や再改装、退去時の原状回復工事など多様だ。工事会社のネットワークを持っていると、営業支援や工事受注のサポートなどの収益チャンスが待っている。お客様も地元の優良な業者を期待している。

●工事業者とのネットワークも暖めておく

　オフィスやマンションなどとは異なり、倉庫を探しているお客様の要望は多様だ。扱う荷物によって倉庫のスペック（仕様）も変わってくる。お客様の要望には多くの条件があり、そのすべてを満たした物件を見つけることは難しい。そこで行われるのが、スペックを合わせるために改修して、倉庫を作り上げる方法だ。

　空調設備を加えたり、倉庫の一画を区切り事務所や休憩室、トイレを設けたりする。低床を高床[17]に変える大掛かりな工事もある。また、構造を直し新耐震基準[18]に合致した耐震補強工事を行うこともある。リーシングには工事が必ずと言っていいほど発生する。

　まず工事業者とのネットワークを積極的に広げていくことだ。コツとして信頼のおける複数の工事業者とアライアンス（業務提携、事業共同化）を組み、彼らの営業を代行することで、工事紹介料として収益を得る。工事に立会い、お客様の立場としての視点を持つ。そうやって実績を積み、本格的に工事に取り組みたいなら、建設業の免許をとるというのもひとつだ。建設業もアウトソーシングで成り立つ業界、何もあなたが大工になる必要はないのだ。

17）倉庫の床をトラックの荷台高さにあげていること。
18）昭和56年建築基準法改正で、新規に建てる建物の耐震能力について、新しい基準が設けられた。

●工事もトリプルウィンを目指す

　入居、改修工事をしていると、退去時の原状回復工事のときにも大抵の場合に依頼がある。当初の工事内容をすべて把握しているからだ。この時点で、倉庫の移転や空き情報を一番にキャッチできる。

　通常の原状回復工事は、契約前の状態に戻すことが前提だが、改修工事によって付け加えた空調、トイレ、照明など、次のお客様がそのまま利用できるものは残しておいた方が良いものもある。

　経年劣化を調べ、次のお客様ニーズに合致するような設備提案をすることで、新たなお客様のリーシングがやりやすくなるのだ。

　無駄な工事をしなくて済み、オーナー、退去するテナント、次に入居するテナントも費用負担が軽くなる。物流不動産会社が工事をコーディネートすることで、オーナー、テナントのプラスになる提案をすることにより信頼を得る。次に工事が発生するときにも、まずあなたに声がかかり、アライアンスを組んでいる建設会社に紹介することができる。

■ リーシング時に発生する主な工事例 ■

分類	工事内容
構造体	耐震工事
	庇の取付
	高床工事
ファシリティ	トイレ増設
	事務所設置
	休憩室
	更衣室
	セキュリティ設備
	空調工事
	照明工事
内装	床張り
	壁面塗装
	仕切り工事
	照明増設
	配線工事
特殊工事	床面の防塵
	外壁の断熱塗装
	外部照明増設
	駐車場整備

第3章

物流不動産ビジネスが会社を変える

　長い間、業界規制という護送船団方式で守られてきた物流企業は、地域独占で競争を意識したことがなかった。そのために待ちの営業や、変化を恐れ、新しいことには手を出さない体質などを引きずっている、と言っても良いだろう。

　変える必要がなければ、変わらなくても良い。しかし、経営環境が逆転して存続が危ぶまれ、黒船外資ファンドが建てたメガ倉庫にお客様が流れ込んでいった現実を見たとき、今こそ変わらなければ沈む一方なのだと危機感を覚えた。

　この時期に、私たちと一緒に新しい物流不動産ビジネスの看板を掲げることが、社員の意識を変え、会社全体の改革を押し進める原動力ともなるのだ。

第1節 物流不動産ビジネスが会社を活性化させる

　スタートは倉庫情報の収集に始まる。自社の近隣ではどうか、協力先はどの程度あるのか、そもそも世の中にはどれほどの倉庫物件が出回っているのか。
　お客様はどこにいるのか。視点が会社の中から外に向かうとき、あなたの会社は変わり始める。できて当たり前、難しいことを避けて、失敗や事故なしをモットーとしてきた歴史から、新しいお客様や世の中の流れ、ニーズ、将来のイメージを持って、物流不動産ビジネスが始まる。

●物流不動産ビジネスとはお客様を創り出すこと

　物流不動産ビジネスのニーズはどこから来るか？　それは、あなたが提供することから生まれてくる。供給が需要を創り出す、作れば売れるという意味ではない。物流ニーズは、高度経済成長時代には溢れかえっていた。トラックも倉庫も足りなかった。今は低成長時代、生産も消費も低迷している。輸入貨物も低下傾向にある。どの産業も売れるものを見い出すことに必死なのだ。そして、最適の物流条件で、最低のコストで最終消費者を追いかけているのが、日本の今の姿だ。こちらもお客様を創り出そうとしている。今までの倉庫や施設で満足はしていない。物流の統合、移動、分散、機能変更のきっかけを待っているに過ぎない。今ある倉庫をどう利用すれば、さらにコストが下げられるかに必死なのだ。
　今まで物流サービスのお客様は、メーカー、流通などの生産部門だった。生産財とは、加工や付加価値をつけて、最終消費地へ送り込んで消費される。生産財のお客様は、見た目より中身、流行より本質、何より安定と揺らがない信用を大事にしている。目先の料金やわずかな機能差では、お客様は納得しない。物流サービスには生産財特有の難しさがある。
　性能や評価を決めるのは一人ではない。財布を持つ買い物客が相手ではないからだ。担当者があなたの物件を知り、興味を持ち、社内に持ち帰り、社内に触れ回り、提案活動を行っている。稟議や会議、打ち合わせや社内調整の時間は想像を超える長さになる。そうして、ようやく一歩ずつ前に進む。

●物流から物流不動産ビジネスの営業マンになる

　どんなに良い物件があろうと、その価値を知るのはあなたの説明からだ。図面や立地、料金を見ても、似たような物件はどこかにあるが、同じものは一つとして存在しない。違いを知るのは熱心な説明と提案からだ。しかも、成約につなげるには、お客様が社内で＜あなたの資料と言葉＞を使って、会社を説得しなくてはならないのだ。考えてみれば、不思議な光景なのだ。そして、最終決定が成される。

　物流サービスはモノを扱う、見てわかる仕事だった。不動産も唯一無二の土地や建物というモノを扱うが、実はそこに至るまでにはお客様の心に触れなくてはならない。高いか安いかの妥協だけではない、提案や説明の信頼性や誠実さが最終的にお客様を動かすのだ。

　当然、お客様は保険をかける意味で、別の会社にも声を掛け、探しているのだ。あなたの持つ情報だけを頼りにしていると思っていたら、大間違いである。

　情報を持ったあなた自身の知識、人柄、行動を見ているのだ。会社の外に目を向けなければ、ビジネスは始まらない。情報を追うには会社を出るしかない。そこにチャンスがあり、待っていてはお客様は来ない。

■ 国内貨物輸送量の推移 ■

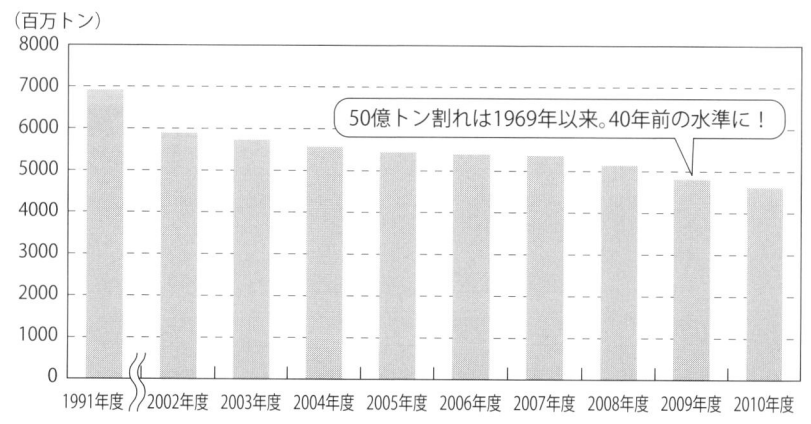

（百万トン）

50億トン割れは1969年以来。40年前の水準に！

出典：国土交通省資料より作成

第2節 お客様は誰なのか

　倉庫を探しているお客様は様々だ。むしろ、本当のお客様＝契約当事者＝エンドユーザーとなる人はなかなか登場しない。同業者、情報ブローカー、代理人、テナントとなるユーザーの関係人・取引先、倉庫を探している人の友人・知人・同郷・OB、まだまだたくさんいる。情報を商いとする不動産業界の常だが、あちこちに同時に声が掛かる、という実態がある。

　照会してくる人はすべてあなたの見込み客になる。つながりが爆発的に増えてくるのだ。こんな経験は、物流業界ではほとんどなかっただろう。

●お客様が多すぎて混乱する

　物流不動産ビジネスを始めると混乱がある。それは、電話にメール、訪問、面談の相手が一気に増えるからだ。その中には、不動産業界の良くない呼び方で、〈冷やかし客〉〈情報取り〉というものも含まれる。そのため、不動産業者の多さとも相まって成約率は極端に低い。千三つ（せんみ）という例えがある。

　0.3％という成約率を意味しているが、不動産は取引額が大きいので、個人事業者ならそれでも成り立つ商売なのだ。物流不動産ビジネスも同じなのか、とがっかりする必要はない。物流不動産を専門に扱う不動産業者はほとんど存在しないのだ。数え上げたら、すぐに名簿が作れるほどの少数しか存在しない。

　だから、倉庫を探すエンドユーザーは、あらゆる方面に照会をしている。

　すると、同業者からもブローカーからもあなたのところに照会が来るというわけだ。「同じような条件で、たぶん元は一緒だな」と気付くまで、さほど時間はかからない。経験と実績を重ねることにより、情報の確度がわかるようになる。

●物流不動産ビジネスは短期勝負

　新規の物流寄託契約、運送契約の商談にはどれほどの手間が掛かってきたかを思い出してほしい。

　新規の見込み客と出会うことすら年に数回、条件は会うたびに変わり、物流

コンペの仕様書などが整うまでには、いきさつを忘れるほどだ。それでいて、不況下で一体いくらの取引になるのかもなかなかわからない。

　物流不動産ビジネスは全く逆で、大半が短期勝負になる。半年を越えることは少ない。先に金額ボリュームがつかめる。

　一度リーシングを成約させたお客様は、リピーターとなって何度でも照会してくるだろう。数ヶ月で数百枚の名刺が飛ぶように消えて、同時にたまってくる。知らない業界、想像が付かない物流の裏事情がわかってくる。

　一気に世界が広がるブルー・オーシャンとはこのことだったか、思い至るようになる。

●あなたと会社が外に開かれた瞬間なのだ

　同業界や地域を離れたところからの出会い、お客様との会話の幅も深さも変わってくることのおもしろさから、ビジネスチャンスの糸口があちこちに見えてくるのだ。変わろうと努力して、なかなか方法がわからなかったあなたには、物流不動産ビジネスを始めてからの数ヶ月の変化は驚くべきモノになるだろう。

情報は錯綜してやってくる

第3節 リーシング、紹介で弾（倉庫）を借りる

　物流不動産ビジネスの基本になる手法は、大きく分けて2種類ある。リーシングと紹介だ。仲介は宅建業免許を持っていないとできない。しかし、宅建業免許を持たない企業でも行える紹介という方法もあるのだ。今までは自社倉庫を紹介できなければ、倉庫を借りたいという話がきても、断って終わっていただろう。弾（倉庫）がないと商売はできないからだが、その弾（倉庫）を借りてきてしまおうというのが物流不動産ビジネスの考え方だ。

●アライアンス先に紹介したら…

　東京湾岸部で自社倉庫を運営している倉庫会社に、アパレル会社が300坪の倉庫、作業所を探しているという問い合わせがあった。ただ、アパレル会社は作業委託ではなく、賃貸倉庫を希望しており、入出庫、保管、作業を自社で行うのが条件だった。

　倉庫会社の倉庫は営業倉庫ということと、100坪ぐらいのスペースしか提供できないため、提案できない状況にあった。通常であれば、断っていたが、近隣の提携先である4社に打診してみた。そのときに手を上げたのがA社だ。

　A社の倉庫は近々に300坪が空く予定があり、お客様を紹介してほしいという話になった。寄託契約のお客様であれば、自社で受けてからA社に再寄託できるが、賃貸倉庫の希望なのでできない。そこで知り合いの不動産会社に仲介業務を依頼した。

　アパレル会社にA社の倉庫を提案したところ、実際に倉庫を見て、気に入り、契約する運びとなった。旧知の不動産会社が仲介業務を行い、家賃の1ヶ月分の仲介手数料を手に入れた。不動産会社からは、紹介してくれたお礼として、そのうちの約3割に当たる金額が倉庫会社に払われたのだ。

●ネットワーク情報

　倉庫を探しているアパレル会社とA社をコーディネートするだけで、1ヶ月の賃料の約3割という利益を得ることができた。物流不動産ビジネスを開始し

たときは、こうやって、知り合いの不動産会社にリーシングを依頼し、お客様を紹介した紹介料を利益にすることが、一番早いだろう。物流不動産ビジネスを本格的に開始するなら、この倉庫会社が宅建業免許をとってリーシングを行えるようになれば良い。宅建業免許を持っていれば、同じ条件なら最大で賃料の1ヶ月分のリーシングフィーを得ることも可能になるのだ。

● 荷役作業ではなく、サービスとしての物流

リーシングは不動産事業であって、物流サービスではない、と思い込んではいないだろうか。最近では、在庫は罪庫と呼ぶようになって、在庫自体を避けようと言うのが風潮だ。在庫がなければ、倉庫の役割は半減する。逆に、在庫があるなら倉庫は重要になる。

自社管理でも委託でも、自社でも他社でも、物理的に一時的に在庫があるときだけ、フレキシブルに倉庫を利用することができるなら、お客様にとって在庫削減の傾向が進む中での切り札になる。

リーシングは不動産業務であるけれど、倉庫を持たずにサービスを提供できる立派な物流サービスとも言えるのだ。

自社倉庫が無理でも、他社の倉庫をうまく利用できる

第4節 マスターリースが土俵を広げる

マスターリース[19]は倉庫を紹介するのではなく、自ら倉庫を賃借して自社管理倉庫としてお客様に提供する、安定した収益モデルだ。

大型の倉庫情報があれば良いのではなく、オーナーとの信頼関係を構築し、倉庫の営業を任せてもらうことが重要だ。マスターリースをしている物流企業は事業が安定している。ここでは、どのようにしてマスターリースが決まったかの事例を紹介する。

●他社倉庫を自社倉庫にする

城東地区に本社を置く建築資材の商社から照会があった。物流業務をアウトソーシングしている商品と、賃借している倉庫2棟、自社倉庫1棟を集約して、1,500坪規模の倉庫を借りたいというオファーだ。お客様はほかにも声を掛けており、今まで、かなりの数の倉庫を見学していた。「ほかの大型倉庫に決める」と商社担当者より連絡をもらったが、その1週間後に再び慌てた声で連絡が来た。

予定していた大型倉庫を賃借できなくなったとのことだ。理由は、条件交渉を進めていく上で、賃料や工事などをオーナーと直接交渉していたところ、時間だけが経過し、条件交渉を重ねるうちに、お互いの印象が悪くなっていったらしい。もっと良い条件を提示した会社が登場して、オーナー側がそちらを優先したいということだった。

慌てていた理由は、アウトソーシングしている物流企業と賃借している倉庫に対してすでに解約申込を済ませたとのこと。2ヶ月後には新規移転先でラック設備などの工事を完了して、本稼動しなければならない状況にあった。

商社からは新たに物件を探して欲しいということと、親密に相談に乗ってくれ、トータルに解決してくれる当社に任せたいという要望をもらった。

私はネットワーク先の倉庫1棟（1,600坪）が、半年前から空いている情報

---

19) オーナーより倉庫を借り上げ、賃料保証をし、倉庫の運用を行うこと（自社利用、転貸等）。

を掴んでいた。商社のオファーにスペックが合わなかった。オーナーは長期契約なら、破格の条件で貸したいと以前から話していたので、代わりにマスターリース方式で借り上げて、当社が改修工事を行い、スペックを合わせることにした。その工事費用分は月々の賃料に上乗せして請求した。

商社には無事にほぼ条件通りの物件を提供でき、当社は安定した売り上げを確保した。

●第三者ゆえの融通性

オーナーとテナントが直接交渉した方がスムーズにいくと思っているかもしれないが、ワンクッション、第三者の物流不動産企業が入った方が、お互い有益になることがある。

オーナーは1円でも高く、条件良く貸したい、テナントは1円でも安く、条件良く借りたいので、当事者同士では交渉が長引くことが多い。どちらかが無理強いして成約しても、一方にわだかまりが残ってしまう。それでも契約できれば良いが、決裂してしまうことがある。

オーナーは契約後も様々な要望を言われてしまうのではないか？と不安になり、テナント側も倉庫の運用を規制され、自由に使えなくなるのではないか？と不安になってしまうことがある。それらが原因で交渉が難航し、契約までが長引いてしまう。その結果、互いの損得感情が露骨に出て、信頼関係が損なわれる。

オーナーの事情をよく知る物流不動産企業がマスターリースとして間に入り、第三者的なアドバイスをすると、お互い好印象のまま関係を保って行くことができる。

物流不動産企業の役割は、オーナー、テナントの互いに譲歩しやすい環境を作り、契約を円滑に締結することにある。もちろん、自身も契約の当事者となるから、正当な管理業務としての対価を受け取ることになる。

このようにマスターリース契約をした管理物件を増やしながら、売り上げを増やしている物流不動産企業が存在するのだ。

第5節 情報がビジネスチャンスになる

　物流企業にとっては、荷物がお金につながると考える。どれだけ多くの荷物を保管し、出し入れして、汗をかいているかを重視する。形あるモノがお金に直結していると考えている。しかし、情報がお金になるのが物流不動産ビジネスなのだ。より多くの情報を収集し、発信することが物流不動産ビジネスの基本だ。3PL企業も同じように、モノより情報を重視しているようだ。

●異業種コラボが情報をビジネスに変える

　バブル崩壊、リーマンショックなどによる景気の悪化・停滞によって、荷物が減り、倉庫を必要とする企業が少なくなってきている。在庫削減や在庫なしでビジネスを進めることが話題になっている。そこで、求められているのは確度の高いお客様情報なのだ。

　例えば、0円引っ越しサービスというのが話題になった。引っ越し後に指定されたプロバイダー会社（インターネット接続会社）と契約すれば、引っ越し代金分をお客様にキャッシュバックするというものだ。実質、引っ越し料金が0円になるので話題になった。異なる業界がタッグを組んで、お客様を囲い込もうとする営業戦略だ。

　仕掛けたのはどっちだったのだろう。引っ越しは物流業、ネットプロバイダーはIT業界、どちらに軍配が上がったのか。それとも、引き分けか。

　移転情報が前もってわかれば、早い者勝ちのビジネスは殺到する。インターネット通信、新聞、生協、保険、金融機関などの多くのサービスの切り替えが想像できる。情報を先取りすれば、どのようなビジネスが取り組めるかを考えることができる。情報こそがビジネスの原点なのだ。その考え方は、物流不動産ビジネスでも同じなのだ。

●3PLは情報を組み合わせる

　3PLも情報の重要性を認識し、うまく応用している。倉庫や運送という実物流を手がける企業は、3PLと提携することを望む。営業案件が豊富にあると考

えるからだ。3PL側も運送や倉庫の提携会社を増やすことで、様々な業種の荷物に対応できるようになる。3PL会社は情報を収集、発信することで、売り上げと利益を増やしていった。

　大手3PL事業者が手がける共同配送や、アウトソーシング、倉庫の賃貸借、マスターリースなどが良い例だ。そこには、実際の荷物の動きではなく、情報をパズルのように組み合わせ、売り上げを作り、利益を出していくのだ。

3PLは、いろいろな情報をパズルのように組み合わせる

第6節 異業種に情報を求めるようになる

　物流不動産ビジネスにとって情報は命。情報収集に必要なのが、より多くの人と会い、交流を深めることだ。有効なのはセミナー後の懇親会や、業界団体などが主催するパーティでの名刺交換と情報収集だ。特に他業界の人との情報交換がビジネスにつながることが多い。会場では同業界の人とばかり固まっていてはいけないのだ。

●異業種に飛び込もう

　物流業界の懇親会やパーティの参加者は、物流会社が9割以上を占めていた。しかし、近年では異業種の参加者が増えている。マテハン機器、ITシステム、建設、物流ファンド、金融、人材派遣業、不動産業といった他業界からの参加が目立つようになった。

　こういった異業種が集まる場所では、ネットワークを作るチャンスだ。

　新人営業マンにとって、パーティは重要な情報収集の場だ。積極的に声を掛け、顔を覚えてもらい、あなたのサービス内容を知ってもらうことだ。

　交流を繰り返すうちに新たな情報が入ってきて、ビジネスにつながることを体感するはずだ。ネットワークの拡大は、ビジネスチャンスが高まる。

●居心地の良い所では、ネットワークは広がらない

　懇親会やパーティは、異業種とのネットワークを築くチャンスなのだ。

　顔なじみの知り合いとばかり話題を作らず、紹介を募って新しい出会いを作ろう。ただし、名刺とあいさつだけではビジネスにはならない。自ら話題を投げかけ、応対して自分を売り込むクセを付けなければいけない。

　人は初対面でも話題を選ぶ。話題にとけ込むには、それなりの準備が必要だし、幅広い業界の話題を蓄えておかねばならない。

　話題のソースは新聞だろう、雑誌記事も必要だ。異業種なら異業種の話題を集めておくのだ。

　名刺を渡して、あいさつして、それでいて相手にしっかりと覚えてもらうた

めの努力が必要なのだ。初めは先輩に連れられていても、いつしか独り立ちしなければならない。

物流と関係がない産業や業種はないのだ。常に新しいネタを仕入れて、パーティや交流会に臨もう。

●物流不動産ビジネスの特異性

物流不動産ビジネスをやっていると、物流だけでなく、不動産、建設、金融、ITの各業界の動きが自然と入ってくる。そのため、物流不動産業界で実績を挙げている人は、物流業界のパーティに参加すると、多くの人から声をかけられる。そこで新しいネットワークを築けるのだ。

物流不動産ビジネスを開始したばかりの人でも、自然と様々な業界の情報が入ってくる。パーティで初めて会う人と話をしても、その情報量の多さに一目置かれるようになり、独自のネットワークを築きやすいのだ。

普通であれば、様々な勉強が必要だが、仕事をやりながら、多くの知識が学べ、ネットワークが広がっていくのが、物流不動産ビジネスの特異性なのだ。

情報を持っている物流不動産プレーヤーの周りには、自然と人が集まる

第7節 新しい物流営業マンの誕生

　物流不動産ビジネスを始めようとするとき、現在の営業マンを使って開始しようと考える。新しいビジネスのため、経験豊富な営業マンを抜擢する。しかし、それが失敗の元になる場面を数多く見てきた。物流不動産ビジネスの営業の基本は、「ITを使いこなすこと」と「マルチタスク」（第3章第9節62ページ参照）だ。この節ではIT面を説明する。物流不動産ビジネスは、従来の物流の営業とは全く異なる。待ちから攻めの営業に180度変わるのだ。普段からITを使いこなし、新規のお客様のところにも飛び込まなければならない。いっそのこと、営業の経験はなくとも、ITシステムを利用することに慣れている、若い新人を教育した方がスムーズに立ち上げることができるようだ。

●経験よりもデジタルネイティブ[20]

　情報収集にはイーソーコ.com（第4章第4節80ページ参照）に物件を登録したり、検索、照会のためにメールを発信するといったITツールの活用が重要だ。ITシステムを利用することに抵抗感のない、若い人ほど馴染みやすいだろう。

　情報の量を集めるにはITツールをどんどん使いこなすことが大事で、集めた情報の解釈や整理はその後に必要になる。初めは、情報は質より量が大切なのだ。情報を入手してから、その判断には物流の知識が必要だ。もちろん、ベテラン営業マンの力も求められる。

●デジタルネイティブとは

　物流営業の経験はないが、ITツールに慣れた人材を採用することで、ビジネスのスタートアップが早まる。若い世代は子どものときからゲームマシンや携帯、パソコンに親しんできたデジタルネイティブと呼ばれている。ITを使った営業スタイルを覚えるのが早道なのだ。営業マンとして入った若手は、仕事

---

[20] 生まれた時から、インターネットやパソコンのある生活環境の中で育ってきた世代。

をしながら覚えていく。例えば、新しい知識の吸収意識が高く、物流と不動産の両方の業界知識をなんの抵抗もなく、入れていく。営業コストは、成功報酬型にすれば固定費も軽減できる。早く成果を上げるために、それだけ真剣に物流不動産営業を学ぼうと考えるようになるだろう。

　従来のベテラン営業マンを起用した場合には、成功報酬型の給与を嫌がり、努力と成果の評価方法についても難しい問題が生まれてくる。従来の物流事業との関係性を整理しなくてはならないからだ。

　むしろ、物流第2営業部（第3章第11節66ページ）というような新規組織を作り上げた方が、事業開始には早くスタートが切れるだろう。

　新しい組織の導入が、会社に新しい風を吹き込むに違いない。

若い世代ほど、IT機器を仕事で使いこなしている

第8節 身近な情報も埋もれさせない

　物流不動産ビジネス導入のポイントは、従来、業界で通例となっていた属人化[21]していた営業から、組織営業への体制が構築できることにある。営業の組織化は、すべての情報をITシステムを使って集約し、共有化するからだ。ベテラン社員に頼らなくても、新人でも成果が出せるように組み立ててゆくのだ。

●スーパーマンはもういらない

　組織営業とは、営業活動を標準化して新人でも一定のトレーニングを積むことで、成果を上げられる営業体制のことをいう。営業マンの素質によって営業成績が上下するのではなく、誰でもやる気と向上心を持てば、コンスタントに営業成績を上げられるように組み立ててゆくのだ。組織営業のキーポイントが情報の共有化だ。

　情報が共有化されれば、営業マンの行動が把握できるようになる。行動予定やお客様との商談内容など、すべてをオープンにすることで、新人がどんなことをやっているかが、上司も同僚もわかる。失敗しそうな状況がわかれば、適切なサポートもできる。情報共有化による組織バックアップ体制が整っていく。

　情報共有化に欠かせないのがITシステムだ。ノートPCや携帯電話を活用し、日次レポートなどをデジタル化する。もちろん、全員で内容を共有化して、意見交換や作戦の立案に応用してゆく。

　営業専門のより高度なシステムでは、スケジュール管理や顧客管理（CRM）、営業支援システム（sales force automation：SFA）なども良いだろう。

　営業マンの行動予定だけでなく、お客様との商談内容の結果も見ることができるようにすることだ。インターネット上に共有情報を上げておけば、上司や同僚がリアルタイムに営業マンにアドバイスし、サポートができる。

　仕事がITを使いこなすことで完結するわけではないが、お客様との商談情

21）情報が共有化されず、担当者のみが情報を抱えている状況。

報が共有化されるだけでも、今までの物流営業とは全く違う動きになるだろう。

●名刺データ化

　営業マンが日々交換する名刺は会社の大事な財産でもあるが、その認識が弱い会社が多い。物流不動産ビジネスで情報収集に動けば、毎日の名刺交換も多くなり、新人でも1年で1000枚を超える人もいる。これをデータ化することから、お客様情報の共有化ができる。名刺は個人情報そのものであるが、営業マンが抱え込むものではないのだ。

　データ化した名刺は、営業マンがいつでも営業に役立てられるように、ITシステムに登録し、商談の記録をつけてゆく。「知人の知人」という関係はとても不思議で、6人をたどってゆくと世界中につながるという理論もある。

　多くの名前を覚えることで、商談の話題が膨らんでいく。日本のビジネスはどこかまだ、人名が重要なようなのだ。「私もその方を知っています」ということが、どれほどチャンスにつながったか、嬉しいことである。

　名刺情報の管理を上手に行えば、データ化した名刺の電子メールアドレスに簡単に一斉配信できるITシステムがある。私たちはこれを利用していて、営業は一人ひとりにメールを送る手間が省けている。また、情報発信の際にも「物件を探している」「空き物件がある」といったメールの雛形も用意して使っている。

　貴重な個人情報なので、その営業マンが万一辞めることがあっても、後任者への引き継ぎはスムーズに済み、お客様にも迷惑をかけないようにしている。

　組織営業は属人化を防ぎ、お客様を大切にする有効な方法でもあるのだ。

一人の剣豪も、組織戦にはかなわない

第9節 マルチタスク営業マン

　物流不動産ビジネスの醍醐味は物流派生事業を様々なネットワークによって、いろいろな切り口で収益を上げられることだ。物流の専門家はいらない、一つの仕事だけをやっていたのでは、様々なお客様に対して務まらないからだ。多くの業界のことを知り、同時進行で仕事を完結させていく。事務だけをやっていれば良い、経理だけをやっていれば良い、現場だけをやっていれば良いという考えを捨てなければ務まらない。若手新人に一から教え込むのも、マルチタスクを徹底的に覚えてもらうためだ。

●多能工[22]の人材開発

　メーカーなどの工場で、一工程しかできない人と複数工程ができる人がいたら、どちらが必要とされるか？　複数工程ができる人は、生産が落ちても複数工程を対応できる。また忙しい時期は人手が足りない部署に応援に行くことができ、重宝がられる。

　物流不動産ビジネスでも同じだ。物流のことだけを知っている従来の営業マンが始めても、マルチタスクを理解できず、自社の物流施設を中心に考えてしまう。初めからマルチタスクという考え方を持っていれば、物流だけでなく、不動産や建設、金融、ITの観点から営業アプローチを進め、面談予約、商談の交渉から契約締結、精算や入金確認、現場作業など一通りのことができるようになってゆく。こういう物流不動産ビジネスでの多能工のことを"マルチプレーヤー"と呼ぶ。

　ほかの部署に異動しても、営業を通じて様々な業界を知っているから、営業目線で異動先の業務を改善することもできる。マルチプレーヤーは、関係者にもメリットになるようなアイデアが自然と浮かんでくるようになる。

---

[22]　マルチタスクを抱え、複数の業務を行うことができる人材のこと。

●硬直した組織を壊す

　既存組織では部門間の壁や利害が発生し、新規ビジネスを開始しようとしても、うまく協力体制が取れないことが多い。物流不動産ビジネスを導入するときは、思い切って第2営業部を新設することで解決することができる。マルチタスク人材により、全員が部門を越えて事業に取り組むのだ。ほかの新規ビジネスを開始しようとするときも、部門間の壁がないためスムーズに進む。会社全体が新規ビジネスにチャレンジする体制ができやすくなる。

　多くの業界をお客様として出会い、アライアンス先としてまた様々な業界のパートナーとも協調する。自ずと価値観や考え方もこなれてきて、物流を空から、大局観で眺めることができるようになるだろう。これが狙いなのだ。

　物流企業にとって、お客様の物流を取り込むのを目的にするのではなく、お客様の物流にとって何が良いかということを真に考えることで、自社の物流施設でなければならないという制約が外れて、ビジネスのチャンスは格段に広がる。それを支えるのが、新しい営業組織なのだ。

マルチプレーヤーの育成なくして、物流不動産ビジネスは始まらない

第10節 情報は常に循環する

　古くから物流企業にある、義理人情の情実営業や属人化の問題は、情報を抱え込み、限られた仲間内としか情報交換をしないことに原因がある。それでは、情報を生かしきれずに、宝の持ち腐れとなる。「情報発信が情報を呼ぶ」ということを知らないのだ。情報を発信することで、情報の「波及効果」が起こり、何倍にもなって情報が返ってくる。そうやって集めた情報が多ければ多いほど収益につなげる選択肢が増えるのだ。

●アンマッチ情報も生きている

　情報発信が情報を呼ぶ例は枚挙にいとまがない。例えばあるお客様から、『埼玉県所沢市で500坪の倉庫を3ヶ月後から借りたい』という情報を得た。付き合いのある会社や取引先100人にその情報を発信したところ、3％にあたる3人から回答があった。
- 1人目は所沢で500坪だが、半年先であれば倉庫を空けられるという。
- 2人目は現在500坪の空きがあるが、場所が隣の川越市であるという。
- 3人目は所沢市で3ヶ月後に空くが、坪数が1,000坪という。

　どれも条件が合わず、100％マッチはしていない。しかし、一つの情報を元に、三つの新しい情報が得られたことになる。ここで得た情報は、また別の照会情報が来た際に生かすことができる。

　新たに得た三つの情報は、自ら発信したことで得られた情報である。まだどこにも公表されていない貴重な情報である。この情報を元にさらに100人に倉庫の空き情報を発信すると、今度は別のお客様情報が集まってくる。

　このように呼吸をするように、情報の発信・受信を日々繰り返すことで、情報の好循環が生まれていくのだ。

●ITインフラの整備が、情報収集の概念を変えた

　義理や人情を据えた情実営業の場合、知り合いに情報を出せば高い可能性で情報が返ってきた。しかし、今ではITを使えば瞬時に大量の照会情報を発信

できる。一気に1,000人に情報を出すことも可能なのだ。回答情報が1%の可能性で返ってくるとしても、1,000×0.01=10の情報を得られるのだ。人伝えの古い営業手法よりも、はるかに効率と速度が勝るであろう。

　より多くの情報を手に入れるために、情報を広く発信する意義がわかっていただけただろうか？

　不動産情報を発信すると、さらに情報の波及効果というものがある。情報を受け取った人が、さらに知り合いに情報提供を求めていくからだ。そのため、知り合いの知り合いから情報がもたらされることもある。情報が自分のネットワークを越えることで、思いもよらない情報を手に入れることもあるのだ。

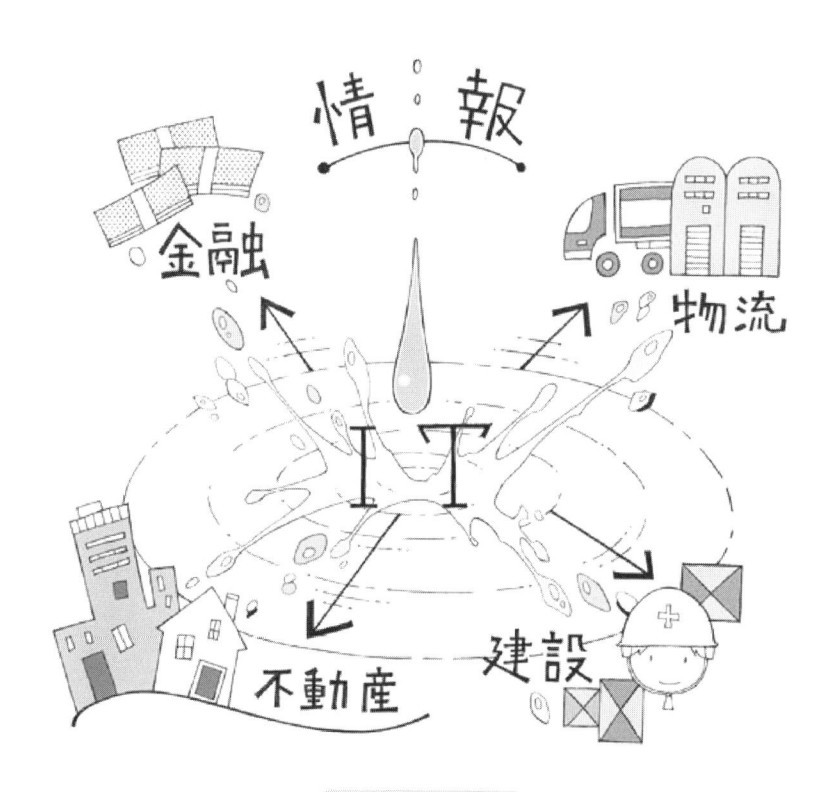

情報の波及効果

第11節 新設第2営業部

　物流不動産ビジネス導入の最大の壁は、既存組織にある。新規ビジネスの開始と急激な意識変革を実施しようとすると、既存組織から反発がある。そこで、ビジネス導入には、新規事業部を立ち上げるのが効果的だ。意識改革や新しいITツールの利用などを、新しい事業部から始めて成果が出たところで、ほかの部署にも展開させていくのだ。

●新しい酒は新しい革袋に入れよ

　過去のやり方でも良い点は残していく。例えば義理人情の情実営業でも、希少な非公開情報を入手できるメリットは確かにある。既存の良い面をリスペクト[23]しながら、既存社員の気持ちも考えて、ビジネスのやり方を取り込んでいかなければならない。

　既存社員の気持ちを考えずに、強引に物流不動産ビジネスを導入し、新しいやり方を押し付ければ、反発を受ける。誰でも自分たちが作ってきた環境を壊そうとする新参者には反発するものだ。新しい営業マンは、リーシングなどで利益を出していても、「外に出たら、どこで何をやっているかわからない」「業者から何かご馳走になっているらしい」などと、働き方の違いから良く思われないことが多い。むやみな摩擦を社内に起こさないためにも、物流不動産ビジネスという新しい事業は新しい組織で、取り組むことが成功の鍵だ。

●新規の第2営業部の立ち上げ

　既存組織は会社に長く在籍し、これまで会社を支えてきた社員の集団で、会社の宝でもある。その人たちの気持ちを考えながら、新しいビジネスにチャレンジするのには、第2営業部の新設が一番スムーズに運ぶ。既存組織では今まで通りのやり方で業務を行ってもらいながら、第2営業部で新しいことにチャレンジするのだ。

---

[23] 尊重、尊敬の念を抱くこと。

例えば、ITシステムを活用し情報の共有化や営業の見える化、組織営業、マルチプレーヤーの育成などだ。従来の「待ちの営業」や「情実営業」といったやり方にとらわれることもない。第2営業部をデジタルネイティブの新人で固めれば、「今までのやり方とは違う」という不満も上がらない。

新しいシステムやしくみを導入し、成功したものを既存組織に広げて行くのだ。効果が上がることがわかってくれば、既存組織の反発も少ない。

新しいしくみをまず第2営業部でスピーディーに取り組み、物流不動産ビジネスで収益を上げる。そして、その成功体験を既存部署に徐々に共有していくことで、会社全体の意識改革が図れるのだ。

後になってみれば、主に体を動かす物流事業と、頭や情報を使う物流不動産ビジネスの一体感は当然のように感じられるだろう。このビジネスは不動産事業でもなく、物流事業でもない。しかし、物流経験がなければ本当の成功はおぼつかなかった、という感動をもたらすに違いないのだ。

> 江戸時代の鎖国政策のときに、海外の窓口となった出島のように、
> 物流企業にも既存の組織との衝突を避けながら
> 新しいやり方を取り入れる第2営業部が必要だ

第12節 波動対応のアウトソーシング

　資産を持った会社が負ける。それが最近の傾向だ。物流業界で見ても、実際にトラックを持った運送企業より、3PLやITシステムの求荷求車マッチング企業の方が利益を出している。運輸業や倉庫業以上に、物流不動産ファンドの開発会社がメガ倉庫を造ると、物流の実務をしてなくても高い利益をたたき出しているではないか。

●ピークを見ている物流は人件費がかさむ

　物流業界は荷物を中心に考えてきた。荷物の取扱量には波動があり、そのピークのときを考えて人を雇用している。取扱量が増えたときに、対応できないという事態を恐れるからだ。そのため売り上げの割に、人件費がかさむ構造になっている。この人件費がかさむ構造を解決していかなければならない。

　その一つが、荷物ではなく情報がお金になるということだった。マルチタスクによる多能工社員の育成により、より効率的な人材配置と柔軟な組織体制、そして他社倉庫も含めた倉庫の流動的な利用により、一人当たりの利益が高まるだろう。

●マルチタスクが人件費削減のコツ

　物量波動のピークに合わせて雇用した社員は、ピークが過ぎると過剰となる。ほかの部署への異動ができないとなれば、経費の持ち出しとなる。

　物流不動産ビジネスの営業マンは営業のスキルだけでなく、物流現場の実務もできなければ、お客様との交渉ができない。実務経験がなければ、問題や原因の話題にも困るからだ。だから、作業者の教育も行う、フォークリフトも自由に扱えるようになるのだ。また、契約書の作成や請求書の発行なども行うので、総務や経理部門のヘルプもできる。

　自社現場がピークであれば、荷下ろしや、仕分けを手伝うだろうし、契約書の作成で忙しい営業マンがいれば手伝うこともするだろう。

　月末、月初で経理が忙しいときは、請求書の発行やデータ入力も対応する。

ビジネスで鍛えられたマルチタスク、マルチプレーヤーの社員が各所で活躍することで社内に活性化が進む。

　それでも、ピーク時の対応に不安を覚えるなら、ネットワーク先を活用することだ。ピーク時に仕事をアウトソーシングする企業と普段から付き合いを深めておけば良い。ビジネスは、情報をお金にし、マルチタスク教育による多能工社員を育成することで、人件費を減らし、ピーク時の対応も可能にする。

　ここまで変われば、昔を思い出して懐かしくなるだろう。

営業

総務

物流不動産営業

物流現場

物流不動産プレーヤーとは、マルチプレーヤーだ

第13節 新体制は新給与体系

　受け身体質の改善に有効的なのが、給与にインセンティブを取り入れることだ。インセンティブ制度は常に挑戦しなければ、プラスにはならない。自然と給与を上げるために何をすれば良いか、を考えるようになる。給与算定が明確になり、モチベーションアップにもつながる。不動産業界でもインセンティブ制度が多く採用されている。営業活動が会社に利益をもたらした場合には、その一部を社員に還元しているしくみなのだ。

●インセンティブでやる気を引き出す

　物流業界は固定給がほとんどだ。それが、特段新しいことをやらなくても給与が貰えるという受け身体質を生んでしまったのではないか。

　物流不動産ビジネスの給与体系は、物流業の年齢に応じた固定給と不動産業のインセンティブの二つのメリットを掛け合わせたものだ。

　社員は年齢に応じた固定給と会社に利益をもたらしたときに、インセンティブとして報酬が上乗せされる。

　インセンティブ効果は、社員が自立して行動することだ。それまでの指示待ち、命令待ちの受け身体質から一変し、頑張れば頑張るほど成果が出て評価されるので、いっそう積極的になる。年齢に応じた固定給だけの制度に混ざることで、会社全体のモチベーションがアップし、活気付いてくるだろう。

●インセンティブは成功報酬

　物流不動産ビジネスは成果が必要だ。不動産業の特徴は、確率が低いが成果が大きいことにある。法定の仲介手数料は、取り扱う物件に比例している。数十万円から数百万円となることもある。この歩合をインセンティブに採用することで、会社も従業員にもメリットが生まれる。

●固定給の活用も大事

　インセンティブを導入すると、自分の給与のことしか考えなくなるという意

見も確かにある。

その場合は給与の算定基準に、固定給を会社の間接業務への対価だと明記するのだ。社員はインセンティブで給与を上げるために、間接業務はより効率的な方法を考え、営業時間を生み出そうとする。そうすることで、間接的業務の効率化が図れる。給与や賞与の算定基準が明確化され、成果が基準となり可視化される。給与が高くても低くても、社員も会社も納得する制度になる。

インセンティブを導入して社員が自立することで、社内の仲良しクラブ的な雰囲気はなくなっていく。社内に目を向けるのではなく、自ずと営業に直結する社外に関心が移ってゆくからだ。

給与を上げるためには、他部署との連携が必要だということがそれぞれの社員の心の中に芽生えてくる。

インセンティブ活用でやる気アップ

第4章

物流不動産ビジネスパック〈IT編〉

　物流不動産ビジネスの魅力について多くを記してきた。ここでは、実行計画を作るためのITツールについて紹介する。

　新しいビジネスでは何をすれば良いか、ということが、実はITツールの何を使えば良いのか、という公式になっていることに注目して欲しい。今までの物流業やその他の産業での経験を活かしながら、ITツールを有効に活用し、異業種とのネットワークを構築。業際のビジネスを始めることになるわけだ。

　ゼロから学ぶけれども、そのための経験や実務はIT技術によって、はるかに短縮、高速化された。むしろITを利用することが大半を占めるようになる。物流不動産ビジネスは情報であり、情報を上手に扱うことが成功の道なのである。標準化された、システム営業であることに気付くであろう。ツールを使いこなすことが、優れた営業マンへの近道なのだ。

第1節 ビジネスにIT環境を

　どんな仕事にもITは欠かせないが、社内の基幹業務や普段使いのシステムは、まだまだ道具に使われているレベルだ。

　物流業界でも多くのシステムが現場に導入された。在庫を見る、売上請求を作る、作業指示を出す、などの代理機能に終わっているから、便利であるけど使いにくい、などという声が聞こえてくる。

　この物流不動産ビジネスは情報系システムが欠かせない。ビジネスの情報を集め、発信し、そして成果を生む、まさにシステム営業と言える。システムの中に入ってビジネスを行うつもりになって欲しい。

●インターネットがあなたをつなぐ

　インターネットは知識や情報のデータベースと言われている。誰かの情報が登録され、それを検索、修正、共有できる。

　情報を登録することで、世界中に発信できる。企業や個人が一瞬にして、世界につながっているのだ。インターネット商用化は1995年の出来事だが、今ではネットがなかった時代が信じられないだろう。音声、動画、図面、統計や政府データまでもが、自由自在に手に入るようになっている。

　もはや知識や記憶はそれほど必要ではなく、どう組み合わせるかという知恵や技術の時代なのだ。電話が固定から携帯へ、しかも携帯パソコンやスマートフォンという超小型コンピュータとなった今、情報はデスクや専用マシンに縛られなくなっている。ビジネスは商品や荷物というモノから、情報やデータに変わっていることを知らねばならない。

●情報をビジネスにする

　IT業界はマシンやソフト、そのための技術者で成り立っている。私たちは情報の中身をビジネスの種にする。だからITは苦手でも慣れていなくても、それを仕事にする覚悟があれば良い。慣れは経験、未知は習えば良い。わずかの時間がIT能力を高めていく。

物流機材の操作や経験に比べれば、格段のスピードで修得できるはずだから、知らないための非常識を乗り越えて欲しい。

もっともITに抵抗感のない、新世代は自信を持って欲しい。ビジネス経験がIT技術によって、肩代わりしてくれるのだ。

●携帯、ノートPC、タブレット、スマートフォン

企業のシステム化は、OA（オフィスオートメーション）から始まった。OAの名前の通り、仕事の代用、代行がマシンの機能だったわけだが、現在のITはすでにその機能を超えている。

ITの持つ可能性は、まさに人知を超えている。身の回りにあるITツール、ソフト、話題、ニュースを取り入れることに積極的になって欲しい。

「新しいマシンは、効果を見てから購入・導入する」。今までの代用、代行のITなら、費用対効果という経済判断が重要だった。しかし、現在では次から次へと最新機種が発表され、数年たてば、中古になってしまう。F1ドライバーになろうとするのに、自動車、自転車に乗れなくて良いはずがない。ITツールの導入も同じだ。常に新しいITツールを導入し、段階的にレベルアップすることが、技術の世界では当然なのだ。古い携帯、一昔前のシステム、動きの遅いパソコンでは情報をビジネスに使い込むことはできない。常に最新ニュースと道具を仕入れて欲しい。

■ **物流不動産ビジネスを支えるIT環境** ■

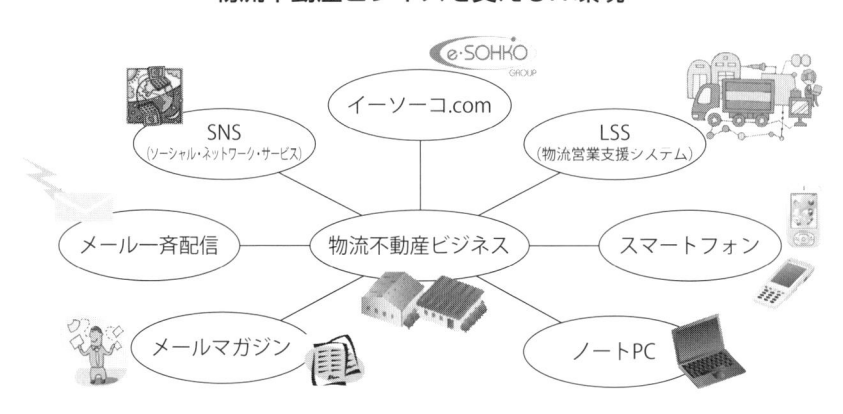

第2節 ビジネスはリアルタイムに価値がある

「巧遅より拙速を尊ぶ」という言葉がある。時間をかけて完成度の高いものを作成するより、完璧ではないがスピードが速い方が良いという意味だ。ビジネスにとっても同様で、携帯電話やノートPCを活用したスピード感が必須なのだ。紹介した同じ条件の物流施設は二つとないので、ほかのお客様が借りてしまえば、もうその物件を手に入れようとしてもどうしようもない。そうならないためにも、IT機器のフル活用によるスピードが重要なのだ。

●ノマドワーカーの時代

現地での商談に「事務所に戻ってから確認します」「事務所に戻らないとわかりません」そんなこと言っていたのでは、今のビジネススピードにはついていけない。どこでも連絡できる携帯電話や、メール、資料を確認できるノートPC、無線の通信機器といったIT機器が必要だ。

事務所を持たずに仕事をしている人もいる。それをノマドワーカーと言っている。電話は携帯電話で受け、資料作成や事務作業などは喫茶店や公園のベンチ、ホテルのロビーなど街中のちょっとしたスペースで、ノートPCを使って行う。こういったIT機器を有効活用することによって、移動時間の短縮やスピーディーな連絡を実現でき、事務所コストの圧縮も可能だ。

これは、ビジネスにでも活用できることだ。特に携帯電話は、誰もが持っている。さらにスマートフォンといった多機能携帯では、メールで送られてきた資料を見たり、ネットで検索したりすることも簡単にできる。資料を作成するときはノートPCを活用し、そのままお客様先に送ることもできる。また、クラウドコンピューティング[24]を導入すると、重要書類なども外出先から見たり、修正をしたりすることができる。会社にいるのと同じ環境で働くことができる。「事務所に戻って…」と言っている間に対応ができてしまうのだ。

---

24) データやソフトを外部サーバーに置き、どこでも自在に利用することができること。

●ビジネスチャンスを逃さないために

　物流不動産ビジネスは、半日で勝負が決まってしまうこともある。それほど、スピードが速いのだ。だからこそ携帯電話とノートPCをフル活用して、ビジネスチャンスを逃さないようにしなければならない。

　不動産業界の定休日は水曜が多いから、土日にも照会依頼は届くのだ。退社後、出社前の問い合わせにも対応しなければならない。ちょっとした心がけとツールがあれば、信頼感は一気に上がり成約率も上がるのだ。

　標準化した情報ツールを導入することで、万が一営業マンが辞めてもお客様情報やデータなどが、散逸、紛失することを予防できる。

ホテルのロビーや喫茶店でも、IT機器を有効に活用し仕事ができる

第3節 動画や通信の話題ツール

「お客様に物件を直接見せたい！ いくら言葉で説明しても、良さを伝えきれない」。そんなもどかしい思いを電話や商談中でしたことはないだろうか？今ではノートPCを使って、自分が撮った動画を簡単に見せることができる。

PCを使ってテレビ電話も広まってきた。

●訪問先で動画を見ながら

YouTubeはインターネットにつながっているパソコンであれば、動画を見ることも、登録・発信・掲載することも無料だ。物件の動画を撮影して掲載すれば、物件の周辺環境を前面道路の状態から、トラックヤードの広さ、倉庫内部の状況などを、お客様に見せることができる。実際に走行しているトラックの出入り様子や、荷物を動かしている動画であれば、より具体的なイメージを持ってもらい、案内につなげられる。

自社のホームページとYouTubeをリンクさせて、動画による物件紹介を載せることも可能だ。動画といっても手軽なデジカメやスマートフォンを使えば、誰でもすぐさま撮影は可能でリアルタイムで掲載もできる。

いくら言葉で説明しても「百聞は一見にしかず」。営業を強力にフォローしてくれる視覚的に訴える無料ソフトはほかにもある。

●テレビ電話も無料になった

Skype（スカイプ）を使えば海外とも無料でテレビ電話ができる。必要なのはPCとカメラとマイク。ノートPCなら両方とも組み込まれているものがある。電話で話しながら、物件の写真を見せることができる。物件の説明をするときに「高速道路のインターチェンジから近いですよ」と話すより、地図を片手に説明した方が説得力があるのだ。

相手の表情を見ながら説明することで、本気度合いも見えてくる。「その物件、いいね」と言っていても、口だけの場合がよくある。しかし、表情までは隠せないものだ。相手の反応がより正確に取れるため、商談の密度を高めるこ

とができる。

　従来は、ITツールについての評判は安定性や信頼性に欠けるとして、企業内に限られていた。ビジネス用に開発販売されてきた高機能だけれども、高額なツールは、無料ソフトによって交代されようとしている。

　流行に敏感な学生や若い人のお遊びツールと思っている人もまだいるだろう。しかし、ビジネス用にはさらに機能を追加したモノが登場しているし、何より無料でここまで解放されてきたのは、新しい傾向だ。

　記録する、連絡する、コミュニケーションを取るためのITツールは、使い方を変えれば、移動を不要とし、時間のギャップを埋め、何よりコストが掛からないビジネスツールとして利用できる。大切なのは運用だ。これらのITツールを有効に活用できない企業は営業力に差が出てきて、いずれ淘汰されていくだろう。

──スカイプの特長──

・インターネット回線を介した電話機能

・Webカメラを取り付けたパソコンや、一部のスマートフォンでは、互いの顔を見ながら、通話可能

・テキストメッセージによるチャット機能

・ファイル送受信機能

スカイプのようなフリーソフトも、使い方によってはビジネスに使える

第4節 物流不動産専用サイト

　物流不動産ビジネスで必要なのが最新の物件情報だ。私たちが提供を始めた物流不動産情報のポータルサイト「イーソーコ.com」を紹介しよう。無料で利用できるシステムだ。日本最大級の空き物流施設物件数を誇り、お客様情報も多数掲載され、関連企業のリンクもある。物流不動産ビジネスを進める上で、すべてを網羅しようとして日々更新している。

●情報量は日本最大級

　イーソーコ.comは、物流施設を求めているお客様情報も空き物流施設の情報も無料で検索、掲載できる。物流業界では先駆的な位置付けにある。トラボックスやWebKITのような求荷求車システムがあるが、イーソーコ.comは求荷求倉庫システムのようなものだ。その利用メリットは大きく三つある。

　1. 情報掲載メリット

　無料で自社が持っているお客様情報や空き物流施設の情報を掲載することができる。掲載しておけば、イーソーコ.comに訪れる不特定多数の人が、情報を見て、問い合わせができる。情報発信を24時間365日無休でできるのだ。

　2. 情報検索メリット

　自社に照会されたお客様の条件に合致する、空き物流施設の情報を探すことができる。また自社物件にふさわしいお客様情報を検索することも可能だ。手持ち情報だけでは対応できないときに、常に最新の情報源として活用できる。

　3. ビジネス出会いのメリット

　ビジネスネットワークが拡大するメリットだ。今まで会ったこともなかった倉庫オーナー、物流会社、不動産会社などとコネクションを作ることができる。全国の会社及び各物流不動産営業マンのヒューマンネットワークの強化を図り、コーディネートするためのルートを拡大することにある。

●サイトが持つ集客力を利用する

　イーソーコ.comがほかのサイトと違うのは、無料で利用できることと、物

件数、お客様情報数の多さだ。月間来訪者数は7万人、同閲覧数は60万ページビュー（2011年11月現在）という集客力の高いサイトとなっている。

また、インターネットの大手検索サービスで「倉庫」「貸し倉庫」と検索すると、多くのポータルサイトで上位に表示される。このため、イーソーコ.comを知らずに倉庫を探している人も誘導されるサイトとなっている。

●最新・正確な情報発信とマッチング

ビジネスはお客様との出会いから始まる。話題や商談の材料は常に最新でなければならない。昨日の新聞記事が今日の話題には役立たないように、物流不動産の物件情報も日々更新される。情報の内容は掲載前にチェックされ、おとり広告や間違いがないことを確認してから掲載するようにしている。

情報は「鮮度」と「正確さ」が命であり、情報を扱う使命として、陰の努力を続けているが、その話は別の機会にする。

■ 日本最大級の物流不動産情報のポータルサイト「イーソーコ.com」■

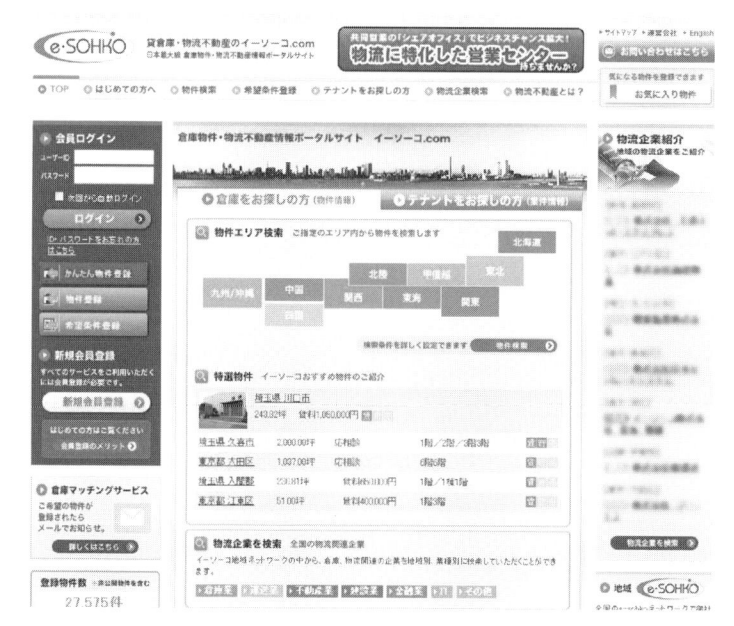

http://www.e-sohko.com

第5節 イーソーコ.comの地域限定版

　私たちイーソーコは、首都圏を得意地域にしている。インターネットの特性から、全国の物件情報が集まるとはいえ、首都圏以外の地域情報は弱い。そこで各地域に信用があり、基盤のある物流企業の方々に「地域版イーソーコ.com」を運営してもらいながら地域情報にも力を入れている。

　地域版イーソーコ.comを運営する企業には、地域物件への照会を最初に受けられるメリットがある。

●最新情報をレイティング（順序づけ）

　地域版イーソーコ.comは、同じシステムを利用して地域色を豊かに演出している。ASP（Application Service Provider）サービスと呼ぶ方式を取っている。運営企業様は地域専用のイーソーコ.comを持つが、空き物流施設情報、お客様情報はイーソーコ.comをそのまま利用できるようになっている。自社の地域情報に加え、全国の情報を取り扱うことができるので、物件情報が多くなる。

　地域版イーソーコ.comのサイトを経由して届く照会は、優先的に取り扱うことができる。商談を一番初めに開始できるので、条件に合う物件のマッチングを掛けても良いし、寄託契約や業務請負なども含めて、自社倉庫の提案に利用することもできる。また、その他の各地域版イーソーコ.comとの連携が取れるため、別の地域に関する照会にも対応が可能となる。

●地域一番店を目指すために

　地域版イーソーコ.comを開始するには、一定の条件を出している。そのうちの一つが、その地域で一番の物流不動産企業になるという"意気込み"だ。

　地域版イーソーコ.comを開始すれば、日本全国から問い合わせが入るようになる。すばやく対応できないと、情報を提供してきた方に迷惑がかかる。

　また、サイトだけの情報に頼ってもらっても困るのだ。物流企業は自社営業を優先するので、自社倉庫が空いている情報をなかなか登録してこない。どう

しても、顔見知りの地元企業にしか正確な情報は開示されることはない。私たちは、このような隠れた物件とその物件を探してくるネットワークを重視したいのだ。

　信用できる会社にしか情報を渡さない、それはそのまま情報の流通が滞り、せっかくのチャンスが失われることにつながる。

　こういった非公開情報を汗をかいて、足で集められる企業こそ、地域一番店の資格があると考えている。常にその地域の情報を、ほかのどの企業よりも多く持っているというブランドが大切なのだ。

　このような将来、地域一番店になる企業に、地域版イーソーコ.comを開設していただくことで、全国をつなぐ本当の意義が活かされることになる。

　ランチェスター経営の地域に特化した経営戦略が、地域版イーソーコ.comによって実現できるのだ。

全国のASPが常時、情報交換を行っている

第6節 全国の営業案件をつなぐLSS

　私たちは物流不動産ビジネスに特化した営業用ホームページを準備している。物流営業支援システム（Logistics Sales Support：通称LSS）だ。イーソーコ.comと常に連動して、物流に関する様々な営業情報を「発信・取得」することができるしくみだ。

●閲覧頻度を上げるページ

　従来の物流企業のホームページは、会社案内のようなデザインを優先したものが多く、お客様の誘導効果が少ない。大半のホームページは作られたままで、閲覧頻度も上がらず、SEO対策[25]も取らずに放置されている。

　例えば、常にオリジナル情報を更新すれば、検索エンジンでは「情報鮮度が高い」と判断されて、検索でより上位に位置付けられる。場合によっては、会社のホームページより、LSSのページが上位に表示されることもある。するとホームページの来訪者が増える。このような対応を中小企業が行うには、専門担当や運営コスト面、人材面から難しい。そこで、安いコストでページの来訪者を増やす方法は、集客力のあるサイトとリンクすることだ。

　イーソーコ.comを見たお客様はLSS会員企業を検索できるようになっている。イーソーコ.comのサイトからLSS各社のホームページへと誘導が考えられているのだ。さらにLSSページは、自社の強みと営業情報のみに特化した、メッセージ性の強いものになっている。

　倉庫を探しているお客様へ、「24時間、365日」休まず営業活動のメッセージを送るように仕掛けられたしくみなのである。

●三つの営業ポイント

　LSSを利用すると、次のメリットがある。
　1. 得意分野を全国に公開できる

---

[25] SEOはSearch engine optimizationの略。検索ページの上位に上がる仕掛けと工夫。

LSSページには、自社の得意分野を自由に書き込むことができる。イーソーコ.comから会社名や得意分野で検索できるので、イーソーコ.comの利用者に自社の宣伝ができる。

　また、LSSから既存のホームページへも誘導するので、ホームページを新たに作り直す必要がない。自社のホームページ活性化につながるのだ。

2. 自社倉庫情報を全国に公開できる

　自社倉庫の図面や写真などを簡単に見やすく、LSSのページに掲載することができる。掲載された情報は、全国40サイトの地域版イーソーコ.comにも連動して掲載されるので、より多くのお客様に情報が開示され、契約につながるチャンスが増える。

3. 物流情報のやり取りができる

　LSS会員同士で利用できる掲示板サイトを用意している。それを、イーカーゴ（e-cargo）と呼んでいる。物流業務の見積もりを依頼したり、受けることができたりするシステムだ。お客様から直接、提案依頼を受けたが、自社では対応できないことを書き込むと、その掲示板情報を見たLSS会員の誰かから協力希望の返事がある。

　今までの自社ネットワークにLSS会員企業、約600社（2011年11月現在）が新たに加わることとなる。LSS会員企業は倉庫だけでなく、運送、不動産、建設、金融、ITなど、物流不動産ビジネスに関連する異業種の集まりなので、業界を超えたネットワークの拡大につながる。

　また、簡単な同報通信機能があり、投稿された情報はLSS利用者全員にメール配信される。メールを読むだけで、新しい情報が手軽に入手できるビジネスに直結したシステムなのだ。

第7節 LSS Personalで、さらば一匹狼

　営業マン個人が自分専用のページとして利用できるシステムがLSS Personalだ。LSSと同様に営業マンが持つ情報を掲載できる。営業マン一人ひとりをITシステムがサポートしてくれるのだ。常に利用することで、情報の見える化ができるようになる。一般的に利用されている営業管理システムSFAを物流不動産ビジネス向けに使いやすくカスタマイズして営業効果もプラスしたシステムとも言える。

●営業マンの強い味方

　一人の営業マンが一日に会えるお客様の数は限られているが、LSS Personalを使えば、「24時間、365日」休まずお客様に情報を伝え、情報を交換することができる。

　利用している営業マンの得意分野が掲載されるので、得意な業種・商材を見たお客様から、直接照会が入ることもあるだろう。

　LSS Personalを利用すると、どんなメリットがあるだろうか。

　例えば、1,000坪の倉庫を探しているという照会に対し、営業マンは自分専用のページにその情報を登録するだけで、社内の情報共有化が図れ、全国からも情報をもらうことが可能だ。LSS Personalは、全国40サイトの地域版イーソーコ.comを運営するパートナー、全国約600社のLSS会員企業とネットワークでつながっているからだ。

　情報の発信、新たな情報の波及効果を呼び、探している情報が自分の手元に集まってくる。これは、新たな情報源となるだろう。

●LSS Personalは組織営業を実現する

　LSS Personalは営業マンの属人化を防ぐ。自分の情報をページに掲載することで、どこに行って、どんな情報を仕入れているのかが共有化される。

　情報の推移や成約結果もわかるので、社内における評価も明確化する。上司・先輩・同僚にとって、公平な営業評価が可能となるのだ。

それぞれの営業がシステムを利用することによって、会社がすべてを一元管理できる。会社全体で集めた情報（見込みのお客様、物件情報、案件情報）を得意分野や得意領域にあった各担当に瞬時に提供できるようになるのだ。

LSS Personalを通してバックアップを受けられる

第8節 お客様フォローにメールマガジン

　お客様との接触を深めるために効果的なのが、メールマガジン（メルマガ）という情報発信だ。定期的にあなたの持つ情報を発信することで、名刺交換した人とのネットワークの維持ができる。あなたを知り、いっそうの信頼につながり、以後のビジネスが円滑になるだろう。

●ネットワーク維持のキーポイント

　どんなビジネスでもネットワーク構築が大切だ。一朝一夕でできるものではなく、少しずつ積み上げて広げていくものだ。
　パーティで会った人との話題にぴったりの情報をちょうど持っていれば、ビジネスにつながるが、そんな偶然は滅多にない。
　出会った人びとを大切にしておけば、いずれほかの物件や案件でビジネスにつながるだろう。そんなチャンスを逃さないためにも、連絡や接触を取り続けておきたいものだ。
　そのため、大人数に簡単にフォローできるのが、メルマガなのだ。
　定期的に配信することで、あなたのビジネスを覚えていてもらえる。物件や案件情報をメルマガの記事として取り上げていれば、忘れられていた人から反応が返ってくるものだ。

●配信数の増加と定期配信の厳守

　メルマガを成功させるポイントは、配信数を増やし続けることと、定期便として配信することだ。
　私たちは名刺交換した方々にお礼メールの徹底を行い、「物流不動産ニュース」というメルマガを定期配信している。名刺のデータ化はもちろんのこと、お礼メールにはメルマガを送らせていただく旨を加えてある。
　名刺交換から名刺のデータ化、メルマガ配信リストへの登録を自動的に行えるしくみを作っている。
　定期的なメルマガは、自社の近況を書きPRをすれば良い。文章を書きなれ

ずに時間がかかるなら、業界紙などと提携して記事の利用の許可を得る手がある。また、外部に寄稿を依頼するのも手だ。

　もちろんイーソーコが月2回配信しているメルマガ「物流不動産ニュース」のソース（記事、原稿など）を提供している。ASP先を中心に、お客様独自のメルマガを発行している（※個人情報の取り扱いには十分にお気をつけ下さい）。

メルマガの特長
・毎月定期配信
・ニュースやコラム
・自社の宣伝
・特にPRしたい内容は号外配信

メルマガはお客様のフォローに有効

第9節 ビジネス成功の一斉同報配信システム

電子メールをビジネスに利用するには、一斉同報というしくみが役に立つ。ビジネスは時間が勝負、データ化した大量のアドレスにメールを一瞬で送ることができる一斉同報配信システムがある。貴重な情報を広く伝えるには、このしくみが一番だ。

●メール一斉配信は迷惑メール（SPAM）ではない

メールの一斉同報配信専用システムは、名刺のデータ化によって得られた大量のメールアドレスに同じ文章を簡単に一斉配信するシステムだ。本文中に相手の名前や会社名を自動で入れてくれる機能が付いている。

Outlookなどのメールソフトを利用して、一斉配信する場合は、情報をばら撒いているような印象のメールになってしまう。よくある失敗では、個人情報保護が大事なのに、BCCではなく、送り先の全員の名前がわかるように送ってしまうこともある。

しかし、この一斉同報配信専用システムを使うと送信者が、一人ひとりに発信しているようにできるので、受信側も不審には感じない。

さらに、配信日を予約設定できて自動的にメールを送れる。外出先からでも、メールを読みやすい時間帯に発信設定できる。

●時間短縮で営業力をアップ

一斉同報配信システムの利用料金は、月々数千～数万円程度。使い方も簡単で、配信先も一度登録すれば良い。本文を作成する10分程度の時間もあれば、名刺交換した数だけの情報発信が可能になる。実際に、1万件ぐらいの配信先アドレスを持っている人もいる。一斉配信メールをうまく利用し、営業の効率化を図っている。

従来の営業スタイルでは、1社に電話で10分、面談で1時間を使う。話題が物件の説明や照会だったら、時間のムダとも言えるのだ。

営業活動では面談の重要性はわかっていても、相手にとっては都合もある。

メールで済むような話題に時間を掛けたくないはずだ。

● 一斉同報の注意点

　手軽に電子メールが発信できる裏には危険もある。誰もが経験している、宛名ミスや公開範囲の間違いは、一斉同報では致命傷となる。

　物流不動産情報は守秘性が高く、オーナーによっては「この場限り」という制限の元で条件や事情を説明してくれることが多い。特に多いのが、テナントから口頭で解約を打診されている状況だ。テナントの社員も一部しか知らない情報をオーナーから聞き、一斉同報で配信してしまうと、問い合わせや資料が出回ることで、社員の耳に入ってしまうことになる。そして、テナントの人事が混乱すれば、情報を広域に配信した物流不動産プレーヤーが責任を問われることになる。くれぐれも、同報メールの作成や発信のときには、十分な下書きを行い、深呼吸、読み直し、再確認を行った上で利用することは言うまでもないだろう。

例えば、1万人にだって一斉同報配信が可能

第10節 サテライトも1ウィンドウで

　情報の共有化と他部署とのコミュニケーションに有効なのがWebカメラだ。通常、銀行やコンビニなど主にセキュリティのために設置されるものだ。それを、大型モニターと連動させることで、コミュニケーションを取る一つの有効な機器として活用でき、マルチタスクを実践。マルチプレーヤーの活躍にもつながっていく。

●1オフィス、マルチサイト（複数拠点）

　Webカメラを倉庫内のセキュリティ、管理に利用している会社も多い。しかし、それだけではせっかくの機器を使いきってはいない。

　Webカメラに映し出される映像を、大型モニターに映し出すことで、物理的に離れたオフィスも一体化することが可能となる。大型モニターを利用することで、オフィスにいる誰もが、モニターに映し出された映像を気にするようになるのだ。

　スピーカー機能やマイク機能もあるため、Webカメラを通じて通話することも可能だ。モニターを通して朝夕の挨拶をしたり、倉庫の現場が忙しそうだったら「ヘルプに入りますか？」といった声がけが発生したりする。センター長がモニターを通じて現場へ指示や質問することや、モニターを囲んでの打ち合わせ、お客様・テナント向けに賃借スペースの画像を公開することだってできる。会社の他部署間の一体感が得られる。

　企業が大きくなればなるほど、他部署や、他の支店のことは他人事になる。それをWebカメラと大型モニターがあることによって、多能工社員は自分事だと思い、コミュニケーションが発生するのだ。こういった環境で、マルチタスクの多能工社員が本当の力を発揮することができる。

　Webカメラ導入時に注意が必要なのは、現場担当者の反対だ。Webカメラと言うと管理のイメージが強く、誰しも「監視」されることを好まないからだ。下手をすると現場担当者から「われわれは会社から信じられていない」などという不信に発展することもある。

こういったトラブルを回避するには、Webカメラを設置する際、現場の責任者に導入メリットを理解してもらい、設置位置について現場責任者に決めさせることが重要だ。

●Webカメラの導入は容易に利便性も高く

　こういったコミュニケーション、多能工社員の活躍に便利なWebカメラと大型モニターなどの環境は、今では簡単に実現できるようになった。

　一つは、カメラ機器や周辺機器（TVモニター等）が安価で購入できるようになったからだ。カメラも日本製から海外製まで製品ラインナップが充実し、必要な機能に応じた、選定が可能になった。また、閲覧するためのモニター等、数年前に比べると5分の1程度の価格で購入が可能になった。また、設置などの工事も簡単になり、コストが下がっている。もう一つは、Webカメラの性能が上がったことだ。

　アナログカメラであれば、決められた場所でしか見ることができなかった。それがWebカメラにすることで、インターネットを介して、どこでも見られるようになった。さらに、パソコンから、遠隔操作で拡大したり、方向を変えられたりできる。画質もアップしたことで、セキュリティ以上のことができるようになったのだ。

第5章

物流不動産ビジネス成功事例

　本格的に物流不動産ビジネスを始めるには、物流不動産ビジネスを展開しているパートナー企業、当社の成功事例が知りたい、というのが読者の本音であることも承知している。本章では、詳しい事例を紹介する。

　扱っている対象が不動産であることを思えば、「そういうこともあるだろう」とか「たまたま幸運な出会いがあったに違いない」という、出来レースのように読まれてしまっては困る。

　物流不動産ビジネスの成功には、確かにビギナーズラックのような出会いもあるが、あくまでも日々の努力の積み重ねが重要である。お客様との出会いに、確固たる情報と専門知識の蓄積がなければ、応用も利かず、生業としての安定収入も望めない。何より、物件ファイルを持っているだけでは「物流不動産の情報を持っている」とは言えないのである。

　お客様は如実にそのことを察するのである。本章の事例はあなたもすぐに遭遇し、体験する。今まで言ってきた物流のコーディネートと、そのためにしなければいけないことがわかってくる。物流不動産ビジネスは、学びながら実践する「Do How」が重要であることに気付くはずだ。

※本章の事例に関しては、守秘義務等があって、地域や広さなどについては特定されないように、若干の修正を行っております。

第1節 組織営業で新人営業マンが成約

　デビューしたての新人営業マンが、1,200坪のマスターリースを成約した。お客様には工場移転の計画があり、候補地を急いで探していた。当然、照会は複数の同業他社にも行っており、直ちに候補物件を探したが、規模、時期も料金ともに折り合うモノがなかった。そこで、上司、専門家のアドバイスにより、精密機械の製造工場を改修して、運用が可能になる提案をした。

●新人営業マンが、年間売り上げ7,000万円超！

　都心で自動車整備工場と特殊機械の製造を手掛けるお客様から相談が持ちかけられた。マンション開発によって現在の工場を立退きしなければならず、期限までに、工場兼事務所1,200坪を移転するための候補先を探していた。

　この案件を担当した新人は、物件を探したが、なかなか思うように物件を見つけられず、途方に暮れていた。

　上司に相談したところ「1,200坪に限定せずに施設の分割利用（2,400坪の半分を利用するなど）か、改修工事（倉庫を工場にするなど）も条件に加えてはどうか」というアドバイスを受けた。そこで、今までの物件も含めて、再度見直しを行った。

　さらにアライアンスのあった建設の専門家に相談したところ、旧精密機械の製造工場という物件について、設備を撤去しクレーンをつけることができれば、条件にピッタリになるとアドバイスをもらった。それは、過去に条件には合わないと見送っていた物件だった。

　早速、クレーンが設置可能かどうかをLSSに登録されていた建設会社に相談し、クレーンの設置ができることを確認。金額や工期の結果も踏まえてお客様にその物件を提案したところ、すぐに申込書をもらった。

　もちろん、その間には、建築士に相談し、全体計画についてVE（Value Engineering／設計改善）を実施し、予算と期限を守ることを実現した。

　新人はまもなくお客様とマスターリースの契約を結び、改修工事も受注したのだ。契約は、月額賃料1,200坪×坪単価5,000円＝600万円となり、年間で換

算すると、新人が7,000万円を超える契約を結んだこととなった。

●組織営業による信頼が仕事を呼び込む

　駆け出しの新人がお客様の信頼を勝ち得たのは、新人のバックで上司、先輩、専門家がフォローできる組織営業の体制が整っていたからだ。スピード感を持って中古の製造工場を改修し、オーダーメイドの物件を作り上げることができた。お客様の条件をそのまま当てはめようとすれば、ふさわしい物件はゼロだった。しかし、改修工事で条件を合わせ、さらに工事予算や工期、動かせない移転時期というタイムスケジュールを元に建設業者と打ち合わせをして試行錯誤を行った成果でもある。

　受けたボールをそのまま返すのではなく、思考し、工夫し、知恵を絞り、アライアンス先に働き掛けて、最もふさわしい形でボールを返す。お客様はその熱意と努力を見ている。それが信頼となり、次の商談を呼び込むのだ。

　新人でもイーソーコ.comのアライアンス先や、プラットフォームを活用すれば、幅広い切り口で成約できる営業マンになれるのだ。

新人のバックで上司、先輩、同僚がフォロー

第2節 LSS掲示板を利用して即成約

　物流営業支援システム（LSS）の機能の一つである「なんでも物流掲示板イーカーゴ」（第4章第6節84ページ）を使って、トラックの駐車場コストを3分の1に圧縮した。情報を広域に発信し、成功した事例だ。

●情報発信後1時間で3件の反響

　LSS会員の運送会社が、トラックの駐車場を探していた。しかし、インターネットで普通に探しても、出てくるのは個人利用の月極駐車場ばかり。法人が利用できる、まとまった台数を駐車できるスペースはなかなか見つからない。そこでひらめいたのがLSSの機能にあった「イーカーゴ」だった。

　運送会社も大きな期待を寄せていたわけではない。LSSを利用して約1年、自動的に入ってくる情報を確認するだけだったのだから…。「せっかくあるシステムなので、駄目でもともと」と利用することにした。

　実際に使ってみると、メールを書くのと同じように簡単で、自由に記入できる。駐車場を探していることと、場所や予算などの条件を書き、"見積もり依頼"の送信ボタンを押すと、1時間に3件のリターンがあったのだ。

　3件のうち、大手物流会社からの提案に即決した。希望していた場所であり、物流施設の近くだったからだ。今まで利用していた駐車場コストが3分の1に抑えられたという。

●登録後1週間で契約決まる

　オーナーの大手物流会社が迅速に駐車場を探しているというメールに返信できたのはなぜか？

　「イーカーゴは、5人まで見積もり依頼のメールを受信できるように設定できる。常に誰かが見ていて、直ちに該当部署に情報を転送するように社内のしくみを作ったから」という。

　今回の情報も東京の統括が見て、早速ひらめいた。千葉県にある物流センターは、荷主テナントで埋まっているが、駐車スペースは余裕があった。

千葉県の物流センターの支店長に連絡をして、見積もりを依頼してきた物流会社に現場を見てもらった。トントン拍子に話が進み、1週間で契約が決まった。空いている駐車スペースを収益に結び付けることができた。

　即成約した背景には、大手物流会社のセンターと、駐車場を探している見積もり依頼を出した運送会社の事務所は、目と鼻の先ということもあった。運送会社の社員は、毎日、センターの目の前を通っていたが、誰もそこの駐車スペースが借りられることができるとは思ってもいなかった。

　LSSの機能の一つであるイーカーゴを利用して、情報を広く発信したことで成約ができたのだ。

まだまだ社内に情報が眠っている。LSSの活用方法は、いろいろとあることを実感。システムは持っているだけでなく、使い方が重要だ。

運送会社

営業マンを多く抱えている物流会社もあるが、当社では真似できない。LSSは、この営業マンの数の差をカバーできる営業ツールだ。

大手物流会社

LSSの機能の一つであるイーカーゴを利用して、みんなハッピー

第3節 地元の信頼とコーディネート力で成約

　物流不動産ビジネスは、ランチェスター経営が基本だ。エリアを限定して動き、物流不動産ビジネスの地域一番店を目指す。他地域の情報は、その地域が得意なパートナー企業（ASP）に動いてもらう。自社が得意としない地域の情報でも、ASP先が成約すれば、収益の一部が手に入る。

●四国の情報は四国が持っている

　東京に本社がある運送会社から、イーソーコに照会があった。「四国北部で200坪前後の営業所を探して欲しい」というもの。内容をヒアリングしたものの、イーソーコには該当する四国地方の倉庫情報がなかった。早速、四国地方のASP先に、物件調査の依頼をかけた。

　四国のASP先は、物流不動産ビジネスを始めてから、まだ1年足らずで、地元のネットワークは十分ではなかった。しかし、物流不動産ビジネスの営業研修を忠実に実践し、倉庫協会の加盟企業にアプローチした。その中で、「近々空く倉庫がある」という倉庫会社と出会った。早速、現地の倉庫を確認に行った。平屋で300坪、周辺に民家はない。物件概要書を作成し、イーソーコに伝えた。イーソーコは、照会してきた運送会社へ物件資料を提案した。希望より面積が大きかったが、場所と坪単価がマッチしていたため、運送会社は見学を希望し、その案内を四国のASP先に依頼した。

　視察後、運送会社の社内検討を経て、賃借申込があり、現地の工事打ち合わせ、契約書の内容すり合わせと、話はトントン拍子に進んでいった。

●イーソーコのノウハウがバックアップ

　ところが契約が近づいたある日、運送会社の法務部から、四国の担当会社に連絡が入った。「今回の話を白紙にして欲しい」というもの。理由は、物件の土地と建物についていた抵当権だった。運送会社は今回の物件に1億円ちかい設備投資を予定していた。多額の投資をするので、抵当権が実行されて競売になってしまうリスクを取れない。そのため、社内で契約に「待った」がかかっ

てしまった。四国の担当会社は困り果て、イーソーコに相談をした。

　イーソーコは、今回の物件の登記簿謄本を入手し、借り入れの時期と額からして、金融機関を調整すれば、抵当権をはずすことができる可能性が高いと経験上から判断した。

　ポイントは、荷主テナントとなる運送会社の与信が問題なく、1億円ちかい設備投資をすることで長期契約になること。それによるオーナーの安定収益化が、お金を貸している銀行にもメリットになるのは明白だった。銀行への説明用資料を作成し、四国のASP先を通して倉庫会社に金融機関との交渉に当たるようにアドバイスした。倉庫会社としても、倉庫が埋まるかの瀬戸際で真剣だった。

　結果、銀行もテナントの与信と、長期の契約内容に安心し、銀行もメリットを見い出し、抵当権をはずすことを承諾したのだ。地元の企業の信頼・安心感と、物流不動産ビジネスのコーディネート力が発揮された成功事例だ。運送会社は、無事に新しい物件で事業を開始し、倉庫会社は長期の安定収入を得られた。四国のASP先とイーソーコがリーシングフィーを分け合った。

地域一番店に向けて強力バックアップ

第4節 倉庫の改修提案でリーシング成約

　単純に倉庫を紹介しようとすると、不動産として物件を見ているから、条件が折り合わない。条件ギャップのうちスペックのギャップであれば、改修工事で解決できることもある。倉庫をテナントニーズにあったスペックに改修して、予算に合うかどうかを比較する。少しの建築ノウハウと建設業者とのアライアンスがあれば、提案力と成約率が格段にアップする。建設ネットワークを駆使した事例だ。

●唯一無二を改修で自在に

　大手運送会社から物流センターの照会が入った。運送会社が物流を受託している中堅家具販売会社が運営する店舗周辺に、配送用の通過型物流センターを探しているという。運送会社の条件は、①店舗からの距離が近いこと、②高床式であること、③アメニティスペース（休憩室・トイレ等）を確保できることの3点であった。

　早速データのマッチングをしたところ、下記の2件が該当した。

　物件Ⅰ　従来型の倉庫　　月額4,000円／坪
　　　　①店舗から1km以内　②低床式　③アメニティスペース△
　物件Ⅱ　高機能のメガ倉庫　月額4,700円／坪
　　　　①店舗から10km以上　②高床式　③アメニティスペース◎

　物件Ⅰは、①の立地は良いが、②、③の建物スペックが合わず作業効率が悪い。物件Ⅱは②、③の建物スペックは申し分ないが、①の店舗からの距離が遠く配送回数が限られる。

　二つの物件は一長一短である。そこで物件Ⅰと物件Ⅱの月額賃料差額700円／坪で、物件Ⅰを効率良く運用できる改修工事を考えた。物件Ⅰは、改修工事で建物スペックを変更できるが、物件Ⅱの立地の問題はどうやっても解決できないからだ。

　物件Ⅰを高床式にし、アメニティスペースの造作工事を行うため、オーナーに了解をとり、アライアンス先の建設業者から見積もりを集めた。

工事費総額を3年の契約として、36回で割り返すと月額約600円／坪となった。月々の賃料は物件Ⅱより安く抑えられ、②、③のスペックも解決した。

● 条件をそのまま返さない

　出回っている倉庫情報をそのまま提供するだけなら、誰でもできる。倉庫はその場所に唯一だが、建物スペックは工事で適合させることができることを皆さんに知ってもらいたい。この方法を覚えると、提案力と成約率が格段にアップする。

　工事の目利きをするのには、物流と建設の知識が必要だ。今回の場合は家具を対象とした通過型センターなので、商品を保管のため高積みをすることもなく、床荷重も必要ない。そのため簡単な高床設置工事で済み、予算内に収めることができた。

　改修によって倉庫を条件に合わせることはわかっていても、詳細工事の提案は、一般のマンション、オフィス専門の不動産会社にとってはなかなか難しい。私たちは業際に生きていることを知るべきなのだ。

　しかも今回の工事は、物件の資産価値を高めるバリューアップ工事でもある。お客様の契約満了、退去時には高床などを一部残した方が、次のテナント付けがしやすい場合がある。交渉次第では、原状回復義務を免除できる可能性がある。

　このように物流の知識を核に、建設の知識とネットワークを広げると、提案の幅が広がり、収益源がどんどん増えていくのだ。

改修工事の提案で成約率アップ

第5節 物流コンサルティングで成約

　倉庫を探すにはお客様の希望条件だけで良いのか？　答えはNOだ。倉庫を探している理由は様々だ。担当者は、上司に言われたから新しい倉庫を探しているだけの場合もあるし、なんとなく今の倉庫に近い場所が良いというだけで探している場合もある。

　倉庫を選ぶ、つまりは物流を変えると言うことは、その先の目的を聞き出さなければならない。倉庫の選択は目的ではなく、物流改善の中での一つの手段であるからだ。経営の合理化であったり、営業の要請や製造調達の規模の急拡大であったりするかもしれない。特に立地や予算については、希望条件を変更することが必要になることも多い。そのために、最適な倉庫はどこなのかという、物流改善というコンサルティングの視点が必要になる。

●100坪倉庫のつもりが2,500坪の物件で決着

　東京・港南地区で100坪の倉庫を探しているお客様がいた。取り扱っているのは輸入貨物。一般の不動産仲介業務であれば、そのまま港南地区100坪の倉庫を探すだけだ。しかし、物流不動産ビジネスでは埼玉の2,500坪の倉庫を提案し、成約したのだ。

　今回の荷主テナントの物流事情を聞いたところ、港南地区に複数拠点を持っている。すべての倉庫がいっぱいになっており、新たな倉庫を探しているという。なぜ港南地区か？　当初は輸入貨物を扱いやすい東京港に近い港南地区で仕事を始めた。取扱量が増えるたびに、倉庫を借り増ししていった。今回も同様に考えているということ。確かに、お客様にとっては、今の倉庫から離れた地域だと、人事面で諸々の問題が発生しコストアップとなる。港南地区で探すのには一理ある。

　一方、物流不動産ビジネスから見ると同一地区に複数拠点があることは、輸送などのコストアップにつながる。物流拠点を一つに集約し、配送先がある埼玉に借りた方が、物流改善につながると判断した。

　さらに、保税貨物が内陸部でもできるようになっていることもアドバイスし

た。荷主テナントは、こういった物流事情を知って、さいたま市の2,500坪の倉庫を借りて、従来利用していた港南地区の倉庫をすべて集約した。

●集約＝コスト削減を実現

集約することの第1のメリットは、コストの大幅削減だ。

集約することで、倉庫内を効率的に活用できるため、様々な経費を削減できる。一般的に多層階施設の倉庫をワンフロアに集約することで最低でも8割程度の面積で対応できるようになると言われている。その分、賃料を抑えられる。

また、人件費も抑えられる。センター長などの役職者を減らすことができ、事務や経理なども統合できる。効率的な運用で、倉庫内作業員も減らすことができる。そのほか、フォークリフトなどのマテハン機器も抑えられる。

輸送費の面でも、配送距離が短縮され、横持ち輸送などの無駄な輸送が減るため、削減できる。

このようにして、倉庫の立地やスペックなどを考えて集約化する効果は大きい。物流不動産ビジネスを行っていく上で、常に荷主テナントの物流網を考え、物流コスト削減につなげていく倉庫を提案していくことを考えなければならない。そのためには、なによりも物流の基礎的な知識と、物流不動産ビジネスのコーディネート能力が求められる。

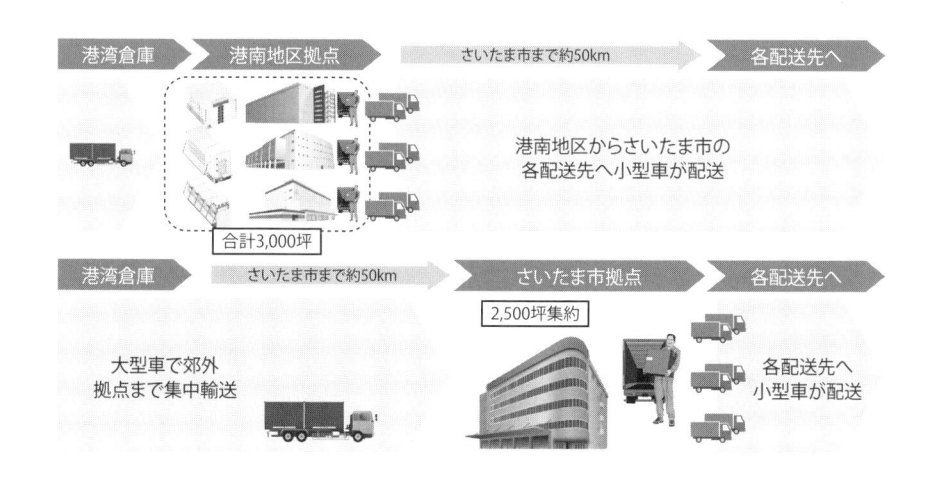

第6節 寄託契約で成約

「倉庫を借りたい」という照会に対し、ヒアリングによりその理由を聞き出すことで、"賃貸借"といった不動産契約ではなく、"寄託"や"作業請負"といった物流契約に変更することが可能だ。倉庫を借りたいというお客様のほとんどは、物件の選択を重視するが、背景や事情を把握することにより、よりよい改善の提案ができる。お客様にとっての倉庫は、物流の機能（手段）であって、不動産を借りる（目的）わけではないのだ。

●既存業務とのシナジー効果は、いくらでもある

物流不動産ビジネスで利益を追いかける醍醐味は、倉庫物件の単なるリーシングだけにとどまらないところにある。お客様の業務内容を正確に把握すれば、物流作業を請け負ったり、倉庫業本来の寄託契約に変更したり、運送業務を受託することもできる。物流事業とのシナジー効果を出すことができ、売り上げアップが図れるのだ。

物流不動産ビジネスの面白さは倉庫を借りたいという不動産情報から、物流企業の業務を活かした収益方法でも、不動産と物流のシナジー効果で収益にすることもできる点だ。

●賃借希望を寄託契約に変更

ここでは倉庫の賃貸借契約を、物流の寄託契約にして成約した事例を紹介しよう。

お客様より「東京都東部で100坪の倉庫を探している」と照会が物流不動産ビジネスをやっている物流企業にあった。詳しく聞くと、100坪の自社倉庫で自動車の部品を扱っていたが、荷物量が増え、新たに自社近く（東京都東部）で100坪の倉庫を探しているとのこと。不動産企業であれば、該当する100坪の倉庫を探すだけだ。しかし、問い合わせを受けたのは物流企業だったので、なぜ、自社周辺希望なのかと理由を聞いてみると、現在自社で部品管理を行っている社員に両方の管理をさせて、将来的には社員を雇い1箇所に1名ずつ配

置を考えているとのことだった。

　ここで提案の方法がさらに二つあるのに気付いただろうか？　一つ目は、1箇所に集約して200坪の倉庫を借りるということ。二つ目は、新たに扱う荷物（100坪）の入荷・出荷・管理を物流企業にアウトソーシングというものだ。

　既存の自社倉庫をそのまま活用したいという荷主テナントの意向で、一つ目の集約案は駄目だったが、二つ目のアウトソーシング案には、興味を示した。

　そもそも、この荷主テナントは、物流企業に入荷、出荷、管理を任せることができるとは知らなかったのだ。そこで、二つ目の案を詳しく説明していった。その内容は、荷物を預けることにより、作業を行った分だけの金額が請求されるので、人件費はかからないことや、1商品当たりの単価計算がしやすくなることなどだ。

　結果、荷主テナントも、新たな社員やパートなどを雇う必要がなくなるというメリットが出た。この物流企業の倉庫で荷物を引き受けることとなった。

■ その他の提案事例 ■

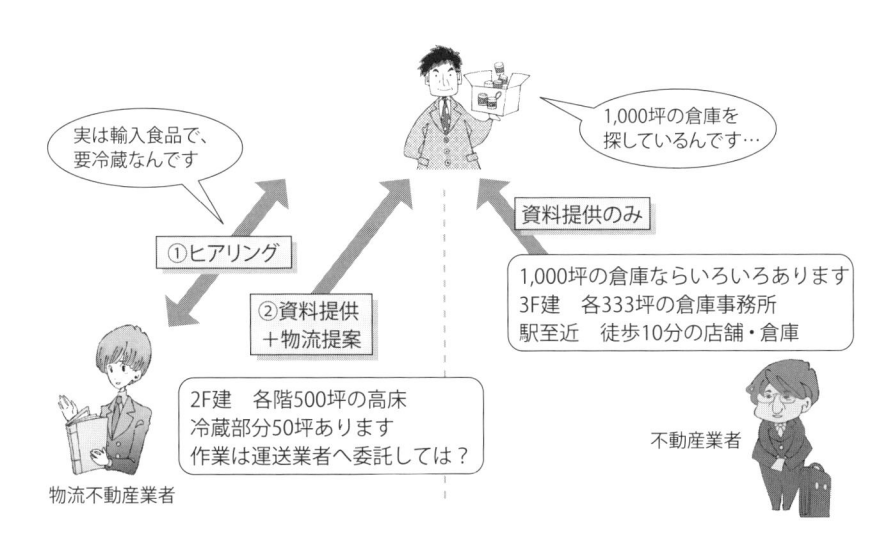

実は輸入食品で、要冷蔵なんです

①ヒアリング

②資料提供
＋物流提案

2F建　各階500坪の高床
冷蔵部分50坪あります
作業は運送業者へ委託しては？

物流不動産業者

1,000坪の倉庫を探しているんです…

資料提供のみ

1,000坪の倉庫ならいろいろあります
3F建　各333坪の倉庫事務所
駅至近　徒歩10分の店舗・倉庫

不動産業者

物流不動産ビジネスはヒアリングにより手段に合った不動産を考えて提案

第7節 ビンテージ倉庫をオフィスへ改修提案して成約

　主にアパレルの作業所に利用していた東京の都心部の倉庫。1フロア1,000坪の柱が少ない大空間を、デザイナーが目を輝かせて動き回っていた。その横には、戸惑ったような表情の倉庫の営業担当者が立っていた。その文化の違いを感じ取り、間に立った私たちは、お互いの調整役として動き始めた。

●希有な大空間にテナントは大喜び

　東京の都心部にある倉庫。多層階のビンテージ倉庫の5階部分が空いた。以前は倉庫街であったが、現在ではオフィスと高層マンションに囲まれている。物流の拠点として活用するには難しい建物だった。空きが出て、テナント募集をしたが、なかなか決まらなかった。そこで私たちに相談があり、「物流とオフィス」の両面で募集をかけることを提案した。立地から見ると、駅から近く、十分にオフィスとして活用できると判断したのだ。オフィスにする場合、オーナーとして設備投資が必要なことも事前に説明し、了解を得ていた。

　物流で利用する荷主テナントを探しながら、オフィス利用のお客様を紹介してほしいと不動産会社に頼んで回った。そこで紹介されたのが、「300人のスタッフをワンフロアに集中させたい」「広告作成というクリエイティブな仕事を進めるために独創的な空間が必要」という希望でオフィスを探している広告代理店会社だった。しかし、300人のスタッフをワンフロアに集中させるためには1,000坪近いスペースが必要。そんなオフィスビルは都心でもほとんど見つからない。さらに通常のオフィスビルでは独創的な空間が得られないと悩んでいた。

　倉庫の大空間を見て、テナントは一目で気に入った。普通のオフィスビルでは、天井高はせいぜい3m、柱も多い。いくらきれいでも、創造的な空間にするには限度があるからだ。倉庫の広大な空間は、今までのオフィスの常識を超えた設計ができる。デザイナーは嬉々として、テナントと打ち合わせをして、私たちが今まで見たことのないオフィスの内装案を作っていった。

●利益は上がるが、不安だらけの倉庫の営業担当者を調整する

　実際の賃料設定は、倉庫賃料よりは高く、通常のオフィス賃料よりは安いところで折り合いがついた。インフラ関係の工事はオーナーが行うのだが、それでも、倉庫で貸すより大きな収益を見込めた。テナントは、内装工事などの工事費用を考えても、月々の賃料が抑えられるので、最終的にコストを抑えられる。さらに、希望していたセミオーダーのオフィスを手に入れることができた。両社にメリットが発生した。

　ただし、倉庫をこれだけ大規模に工事するのは、倉庫の営業担当者にとって初めて。図面や工事内容を見ても、どんな工事を行うのかがわからない。どうやったら倉庫の空間が、出されているオフィスの完成予想図になるのかがわからない。不安な様子を見せることも多かった。

　このままでは、入居が始まる前にトラブルになりそうなことを察知し、私たちが間に立って、調整を始めた。建設の専門家と工事、デザイン会社と話をし、内容を倉庫の営業担当者とオーナーにわかりやすく説明していった。また、テナント側に、工事予定の変更などを細かく報告するように調整した。

　そして、完成した姿を見て、倉庫の営業担当者は驚いた。「がらんどうの倉庫から、この完成図を想像することは、物流会社にはできない。実際に出来上がった姿を見て、初めて納得がいった。建物全体の価値が向上したのがわかる」。さらに、倉庫の中に最新のオフィスができたことで、建物に出入りする人が増え、倉庫自体の雰囲気も明るく活気づいた。

　倉庫を別用途に転用する場合、賃料の面でオーナー、テナントの両者にメリットが出る。建物価値も上がることが多い。しかし、物流とテナント業界の違いから価値観や認識がずれ、ある時期を超えると不満が噴出する。物流不動産企業が調整役を果たさなければ、成功はおぼつかないだろう。

第8節 自社倉庫のプロフィット化提案で成約

　コンソリデーションとはコンテナの整理と詰合せのことである。複数に展開された物流施設を整理・集約するときにも『倉庫コンソリデーション』と呼ぶ。拠点集約によるコスト削減や業務効率化の波は今や主流となっている。課題は残された自社倉庫の扱いだ。

● 集約のジレンマ

　物流施設の拠点集約は、その瞬間からコスト削減ができる。倉庫の管理者要員を減らし、拠点間の横持ち輸送を減らすことができる。だがわかっていながら実際に集約できるかというと、なかなか難しい。一体なぜだろうか？
　一つの例を考えてみよう。A物流企業は500坪と600坪の合計1,100坪の自社倉庫を所有しており、それぞれ営業倉庫を営んでいる。別に800坪と400坪の合計1,200坪の倉庫を賃借し、別の物流業務を行っている。
　どの倉庫で行っている業務も合倉[26]しても問題ない荷物であるため、A倉庫会社は4箇所に分かれてしまっている拠点を、一つの大きな物流施設に集約し、コスト削減と業務の効率化が図れないかと考えていた。
　だが検討会議でいつも話が止まるのは、「自社倉庫を空けてまで、他社の倉庫を借りて集約して何の意味があるのか？」、「空いてしまった後の運用をどうするのか？」という議論だ。ここで会議はストップしてしまい、いつも先に進まない。せっかく集約の条件にピッタリな物件を見つけても、検討課題の解決策が見い出せずに時間が掛かり、集約のチャンスを逃していた。

●「コストスペース」から「プロフィットスペース」

　問題は空いてしまう自社倉庫をどうするかである。賃借している2棟の倉庫は、解約すれば良いだろう（賃借している倉庫は、新たに転貸できるお客様を見つけることができれば、そのまま賃借を継続すれば良い）。だが自社倉庫は

---

[26] 別々の荷物を倉庫の同じスペースに保管すること。

解約というわけにはいかない。すると、仮に坪単価5,000円とするなら、4棟合計で1,150万円のコストとなる（キャッシュアウトは賃貸部分だけで600万円）。解約と集約によってキャッシュアウトは1,000万円になってしまう。

自社倉庫を賃貸・売却・別の建物を建設するなどの有効利用策があれば、相場料金で賃貸化すれば、550万円のキャッシュインが可能。

1,000－550＝450となって、集約によるキャッシュアウト額は削減できる。自社倉庫の相場や付加価値改造による手法で、いくらで賃貸できるのかの目利きができ、新たなお客様を見つけることができる。自社倉庫1,100坪分の新たな賃料収益で、2,000坪分の賃料の一部に当てることができる。

これにより安い賃料で大型倉庫を賃借できるため、様々な物流ニーズに対応できる。しかも4棟合計2,300坪の物件も1箇所、かつワンフロアに集約すれば、より少ない1,900〜2,200坪で収めることができる。こういった提案で、新たな物流施設が成約し、集約が成功する。

集約のポイントは、
①面積の圧縮効果で賃料の支払いを減らす
②人件費や横持ちの運送費などのコストを削減できる
③業務の効率化が図れる
④自社倉庫の賃貸化で、集約倉庫賃料の一部に当てることができる。

（月・坪5,000円換算）

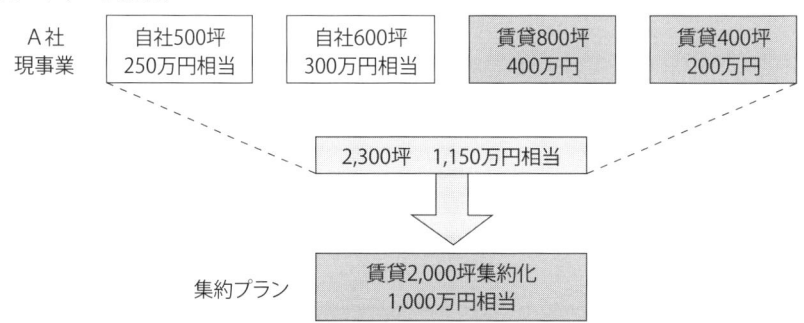

A社現事業：自社500坪 250万円相当 ／ 自社600坪 300万円相当 ／ 賃貸800坪 400万円 ／ 賃貸400坪 200万円

2,300坪　1,150万円相当

集約プラン：賃貸2,000坪集約化　1,000万円相当

計画：4拠点分散の非効率を、集約によって改善する
問題点：集約によって自社倉庫に空きが出る
課題：賃借倉庫は解約、自社倉庫は空き。キャッシュフローはマイナス

第9節 まれに近隣相場より高く成約

　物流不動産ビジネスでは、まれに近隣の賃料相場より高い賃料で成約する場合がある。相場に左右される不動産業界では珍しい出来事だ。しかし、物流に限ればトータルコストメリットは不動産相場から離れ、価値を追求することで、相場は単なる参考情報になる。

●倉庫オーナーがこだわる相場観

　倉庫を持つオーナーから、テナント付けの依頼があった。その倉庫スペックは200坪の平屋の高床式で、通過型センターだった。オーナーが希望していた月額賃料は、坪単価9,000円と周辺相場の倍近い条件だ。賃料が相場より高く、テナントを探しにくいと説明したが、希望賃料を下げなかった。

　その理由は、前テナントに同じ条件で貸していたからだった。前テナントは定期借家契約を結んでいた。定期借家期間が満了したときに再契約を結ぶ条件として、賃料値下げの要求があったが、オーナーが拒否したため空きとなった。そして3ヶ月が過ぎても照会すらほとんどなかったので、賃料を7,500円に値下げした。それでもまだ周辺相場より高かったのだが、お客様から照会があり、たった一度の案内で成約した。

●価格はお客様にとっての価値

　商談中、驚いたことにお客様からは一度も値下げ交渉がなかった。

　新テナントは都内に1フロア60坪、4階建の計240坪の低床式倉庫を坪単価6,000円で借りていた。

　このお客様は、加工場などから集まってくる商品を複数の店舗へ納品する拠点として運用していた。バブル期に業績が急拡大し、限られた時間内で探した倉庫であるため、納品先への距離があり、スペックも低床式なので荷降ろしに作業員が必要になることを我慢していた。

　今回は業績も安定してきたので、物流コスト見直しのために新しい移転先物件を探していたということだった。

新倉庫は加工場と納品先との往路上に位置しており、スペックも平屋で高床式なので、荷降ろしの作業員も不要となる。以前は、各階1名と最低でも4名が必要だった。

● **倉庫を含む、物流コストのトータルで見る**

旧倉庫は多層階のために作業員が多く、配送効率も低かった。

新倉庫は、ワンフロアのために最少人数で運営できて、しかも配送回数が上げられる。要員コスト、配送コスト、全体の物流コスト削減に新倉庫はうってつけだったのだ。相場ではなく実体としての倉庫価値を見たとき、このお客様にとって、相場賃料は参考情報であり今回の倉庫は賃貸条件以上の物流メリットを生み出すことができる物件だったと言える。

事例から倉庫経費が物流コスト全体に占める割合は低く、倉庫のスペックや配送マップ上の立地条件によって、トータルの物流経費が削減できたから、近隣相場よりも高い賃料で成約となった。

物流不動産ビジネスの交渉は、お客様の物流コスト全体を把握し提案することで、トリプルウィンを実現できることを深く心に刻み込んでおいて欲しい。

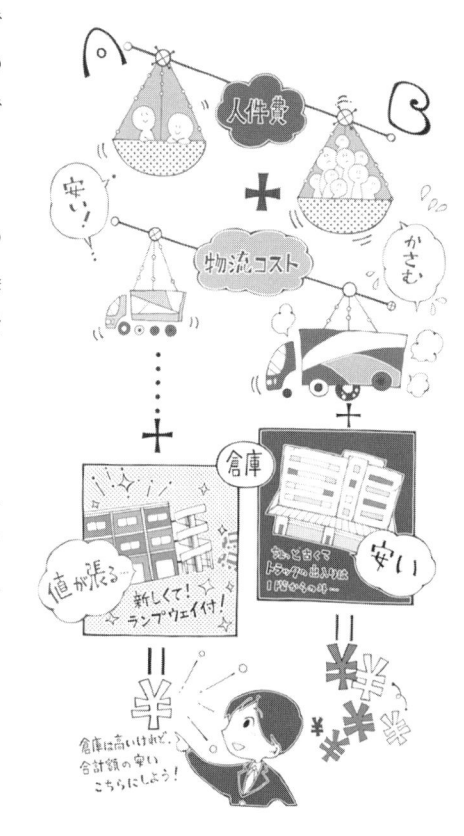

倉庫の値段じゃない。トータルコストを見よう

第10節 不良債権物件を再生して成約

　物流不動産ビジネスでは、不良債権化した物件を再生することができる。通常であれば敬遠される物件を、物流不動産ビジネスのノウハウと関連業界の専門家のネットワークを駆使して、収益化にこぎつけた。物流不動産ファンド、物流会社、弁護士、建築業者をコーディネートし、様々な切り口で収益を得た。

●売買を賃貸スキームに変更

　イーソーコに物流会社から、ある地域で約5,000坪の物流センターを借りたいという問い合わせがあった。イーソーコの物件データの中にスペックが合致していた物件はあったが、提案物件は不良債権化し、賃貸ではなく売りに出ていた倉庫であった。物流会社は、立地やスペックが合致していても買いたくはないという意向が強かった。

　物流会社が物件の立地やスペックに関しては気に入っていることから、物件を買ってくれる投資家を探すことができれば、賃借する可能性が高いと判断した。まず、弁護士等の債権者及び所有者から、物件を物流不動産ファンドに売却した。さらに、物流会社のニーズに合わせて改修工事を実施し、物件のバリューアップを図った。これにより、物流会社はその先の荷主企業と物流受託の長期契約を実現した。物流不動産ファンドも、テナントと長期の定期借家契約を結ぶことができた。

　不良債権化した物件の再生を図ったことで、物流不動産ファンドは、優良テナントが付いた投資物件を取得した。物流会社は当初の希望通り、荷主のニーズに合った物件を賃借することができたのだ。

●タイミングが一つ狂えば、台無しに

　今回の事例は、非常に複雑なスキームだ。ファンドが不良債権物件を買い取るためには、優良なテナントの見込みがなくては難しい。さらに長期契約であることで、ファンドは利回りを確定できる。

テナントとなるお客様は、物流会社で、その先に荷主企業がいる。物流会社が長期の定期借家契約を結ぶためには、荷主との長期の物流受託の契約を結ばなければならなかった。そのポイントとなったのが、物件の立地とスペックを荷主企業の希望に沿ったものにすることだった。

ファンドには、工事を行うことで、優良物件化することを説得。不良債権物件の購入金額と工事金額の調整を行いながら、一方で、物流企業と賃料の交渉も必要となった。ファンドは、利回りが確定しないと動けないからだ。

一つの金額の確定がずれれば、成約しなかったものを、債権者、ファンド、物流企業の間に立って、私たちが調整した。

これまで培ってきたノウハウと専門家のネットワークを活用し、建設業者や物流不動産ファンドを組み合わせ、不良債権化した物件を収益物件へとダイナミックに転換させた。

■ 不良債権の再生スキーム ■

①	問い合わせ	物流会社が5,000坪の賃貸倉庫を探している。
②	検索	イーソーコ.comの物件を検索。
③	物件発見	しかし、不良債権の売買物件。賃貸のニーズに合わず。
④	投資家を探す	スペックや立地はニーズに合っているので、買い手を探す。
⑤	弁護士、債権者との調整	ファンドが購入希望の意思があるので、売却金額を調整。
⑥	ファンドへ売却	一方で、テナントとの賃料も交渉。
⑦	改修工事	テナントニーズに合わせた工事をすることで、長期契約を実現。
⑧	物流会社と契約	ファンドは優良企業のテナントがついた投資物件を獲得。テナントは、使いやすい物流施設を希望通り賃借。

第6章

こうやって進める物流不動産ビジネス

　この章では、あなたの会社が実際に物流不動産ビジネスを開始するものとして読み込んで欲しい。

　いわば実行計画部分の紹介なのだ。営業とは何をどのように進めるのか、お客様との出会いや契約までの詳細のプロセスについて、できるだけ詳しく解説する。お客様は誰か、最初に悩む課題だ。不動産に限らず、ビジネスを進めていく上では商談の相手が誰なのか、なかなか登場人物が揃わないことが良くある。倉庫物件では情報を求めてくるお客様は、多岐にわたり混乱の元にもなっている。

　協業を見込んでいる同業者、物流業者、不動産業者、お客様であっても、その取引先、物流受託業者、そしてお客様自身にも、直接の担当者、管財部門の総務や経理、企画室、そしてOBやその同郷の知人、何か良い情報はないかと探しているブローカー。さてあなたの前に現れるお客様は、一体誰なのか。

第1節 営業活動とは

　物流施設を求めているお客様は多い。ただし、その中には、元をたどれば同じ情報源（契約者）というものがたくさんある。最終的に利用するのはたった一人でも、探している関係者は驚くほど多いのだ。誰が真のお客様なのかを見極めないと、条件の変更に空回りが続く。

●営業の基本はAIDMA（アイドマ）

　欲しい、買いたい、という心理は公式になっている。

　Attention、Interest、Desire、Memory、Actionというのがセールスの基本ステップだ。お客様は、1. 関心を持つ、2. 興味を生む、3. 欲しいと思う、4. 記憶に止める、5. 行動に移す、という段階の中で、いつでもリセットされてしまう。つまり一連の流れが阻害されると、再び真っ白な元の状態になってしまうのだ。

　営業活動は、お客様に向かって流れるように進めなければならない。それが、営業プロセスという科学であり、準備や段取りと呼ばれるものなのだ。この法則は、物流不動産ビジネスにも当てはまる。

●倉庫情報をとにかく集める、集める、集める

　物流施設の情報は少ない。毎日全国に出回る不動産情報の中でも、ほんの少ししか物件シートや情報として整理されるものは少ない。倉庫会社であれば、空き倉庫を不動産情報として登録するまでは時間が掛かる。まずは自社努力で働きかけるからだ。

　賃貸倉庫であっても、解約や移転が確定しても既存のテナントが営業中の場合には、空き倉庫情報として登録することを避けたがる。

　そこで、物件情報を集めるには地域や地元をローラー作戦で集めることが、情報化時代においても重要な作業なのだ。

　地元を回ることによって、あなたの宣伝にもなるし、信頼獲得の基本動作にもなるから、足で稼ぐという原則も忘れないで欲しい。

営業プロセスは常に問い合わせに備えた物件情報の蓄積が重要なのだ。

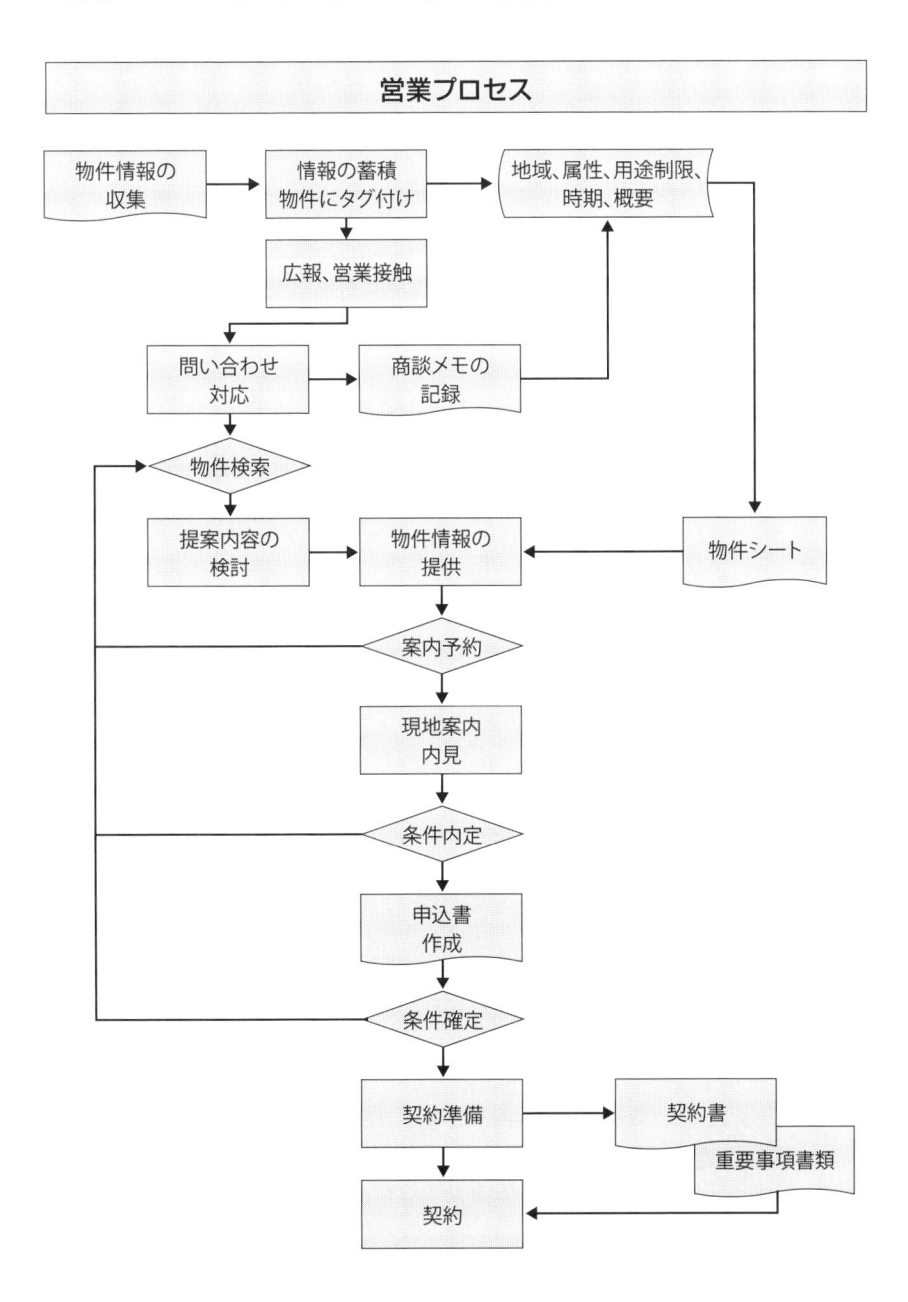

営業プロセス

```
物件情報の     →   情報の蓄積       →   地域、属性、用途制限、
収集              物件にタグ付け         時期、概要
                      ↓
                  広報、営業接触
                      ↓
              問い合わせ    →   商談メモの
              対応              記録
                  ↓
              物件検索  ←─────────────────┐
                  ↓                       │
              提案内容の  →  物件情報の  ← 物件シート
              検討           提供
                              ↓
                          案内予約
                              ↓
                          現地案内
                          内見
                              ↓
                          条件内定
                              ↓
                          申込書
                          作成
                              ↓
                          条件確定
                              ↓
                          契約準備  →  契約書
                              ↓           重要事項書類
                          契約  ←─────────┘
```

第2節 お客様との信頼を築く

　物流は企業にとっての台所とも言える。金庫の中の次に見られたくない、知られたくない事情を背負っている。在庫が「罪庫」と書かれるくらいに、在庫状況を聞かれたり、知られたりすることをお客様は極端に敬遠するはずだ。
　在庫＝保管場所だから、「500坪の倉庫を探している」ことが、在庫が500坪あると思われるのは心外と感じている人も、中にはいるだろう。
　初見のあなたにすべてを語るのも気が引けるし、ましてや在庫のことはなるべく触れないようにするのが心理だ。
　そこで効果があるのは、「ここだけの話に留置く」という意思表示を証拠として示すことだ。
　NDA＝NON DISCLOSURE AGREEMENT　機密保持契約、守秘義務の申し入れ書、をあなたは常に携帯しておくのだ。

●NDAはたった1枚でも法的拘束力を持つ

　お客様と面談する際、初めにNDAを正面に示しておく。
　「もし、お話しにくい内容や貴社の機密事項が含まれるようでしたら、私はここに機密保持契約書を持参しています」と本紙を説明するのだ。
　NDAには、通常次のような義務と責任をうたうことになっている。
1　お客様が話される内容は、機密であること
2　知り得た情報は、機密であるかどうかに関わらず、商談に欠かせない社内外に限定使用する。他に流用したり、漏洩したりはしない
3　お客様に不都合が生じた場合、私の機密保持義務違反であれば、賠償責任を負うことを認める

という合意文書である。
　商談の日付とあなたの署名を手書きで書き入れれば、その場で交付する。これによって、NDAは成立する。お客様にとってこれ以上の安心証拠はない。商談がスムーズにスタートできるだろう。

●NDAは万能薬ではないが、誠意と信頼のカタナ

名刺交換も終わったばかりのタイミングで、お客様の面前にNDAが示されれば印象度は一気にアップする。

条件のヒアリングだけでなく、時間の許す限りにあなたのインタビューに答えてくれるだろう。商談は聞き出すことであって、最小限の発言にとどめるのがコツである。人は信頼感を相手の聴く姿勢で感じるからだ。

説明を懸命にするセールス活動とは全く違う。互いに共通のイメージや物件の想像はできるのだ。最終確認の段階まで、ひたすら聞き役になるつもりで接したい。そのためのNDAであり、あなたの秘密をお客様に開示するためのものではないのだ。

■ NDAサンプル ■

```
            機密保持に関する誓約書

○○株式会社　御中

　当社は、物流不動産業務（以下「本業務」という）を行うにあたり、貴社から当社に開示される資料・情報等の取扱いに関し、以下の条項を誓約致します。

                       記

第1条（機密保持）
　当社は、貴社に対し、次の各号に定める事項について守秘義務を負い、当該事項を貴社の承諾なく第三者に開示致しません。
　①当社と貴社との間で、本業務がなされている事実並びにその経過及び内容
　②本業務のために貴社から当社に対して直接提供される資料・情報等（以下「本件資料等」という）

第2条（守秘対象の例外等）
　1．次の各号に該当する場合は、当社は守秘義務を負いません。
　　①当社の責によらず、本業務の存在、経過又は内容が公知になった場合は、公知となった部分
　　②当社が貴社から情報の開示を受けた時点で、すでに公知であった本件資料等
　　③当社が貴社から情報の開示を受けた後、当社又は第3条に定める開示対象者の責めによらず公知となった本件資料等
　　④当社が、正当な権限を有する第三者から独自に入手した資料・情報等
　2．前項各号のいずれの場合も守秘義務の対象外であると当社が判断した時点で、その判断の適否について貴社に照会します。当社は、守秘義務の対象外であるとの貴社の回答があるまでは当該資料・情報等に関して守秘義務を負います。
```

（一部引用）

第3節 営業活動のAtoZ

物流不動産ビジネスのリーシングの流れとはどのようなものだろうか。ここでは、お客様から照会があってから、成約するまでの基本的な流れを掴んでもらいたい。

①照　会

物件を探しているお客様から問い合わせを受けること。

照会のルートは様々だ。イーソーコ.comやLSSなど物流不動産のITシステムを通してのメールや電話、既存お客様や同業者からの紹介、営業マンが仕入れてくる情報、広告やチラシなどがある。

②ヒアリング

照会に対して詳細を確認する作業。

まずは照会先の会社名・担当名・連絡先と、契約先を確認する。照会元が不動産企業、3PL企業の場合もあるので、実際に利用する企業が異なる場合があるためだ。

その後、①用途及び扱う荷物②使用時期③希望地域④坪数（面積）⑤予算⑥探している理由⑦物流項目——などをチェックリストに従って、確認する。

③物件提案

ヒアリングをした内容を基に、イーソーコ.comや社内情報を検索し、条件に合いそうな物件の資料を揃え、提案するポイントと合わせて提示する。

物件資料とは、賃貸する際の条件をまとめた概要書、物件の配置図・平面図・立面図・断面図などの図面、物件周辺の地図などを指す。自社物件以外を提案する場合は、情報提供元に物件の状況を再確認することが大切。すでに募集を中止している場合があるので、提案前には必ず状況を確認し、回答者の氏名も記録しておく。

④案内・内見（ないけん）

お客様に実際に物件を見てもらうこと。情報提供元企業やオーナーとも連絡を取り合い、現地で顔合わせができるように手配することが、ビジネスの誠意

につながる。車で見るだけ、立ち寄るだけだから、という理由で軽く案内することは、成約率にも響く行為だ。

さらに、物件資料は概略であることも多く、現地を実際に見て受ける印象は、異なる。物件の現況が物件資料や図面と異なる場合があるので、必ず現地を見てもらい、周辺環境も確認してもらう。

⑤申込・条件交渉

申込とはお客様からの意思表示で、「この条件で物件を借りたい」という意思を"書面FAX"や"電子メール"など後々の証拠となるような形でもらうこと。

条件交渉とは、申込書をベースにオーナーと交渉を行っていく。交渉内容は賃料や期間などの賃貸条件だけでなく、造作などの希望、リフォーム・原状回復の範囲などにもわたるので、面談による詳細な詰めが必要になる。

⑥重要事項説明・契約

宅地建物取引業者は、不動産賃貸借契約締結前には、必ず賃借人に対して、重要事項の説明を行わなければならない。

その説明は、重要事項が記載された書面に、宅建主任者が記名押印した書面（重要事項説明書）を交付し、テナントに宅建主任者証を見せた上で、口頭で行わなければならないとされている。このことは、宅地建物取引業法第35条に規定されており、義務付けられている。

その後、申込内容や交渉結果を反映した不動産賃貸借契約書に、両社の署名捺印をしてもらい契約の締結となる。契約内容は、十分に内容を吟味する必要がある。

⑦請求書

リーシングフィーの請求書を出し、入金されたかまで確認する。原則、契約日前に精算はすべて終わらせる。

⑧引渡し

オーナーからお客様へ鍵を引渡す作業。

原則は契約開始日に現地で行う。この鍵の引渡しを行うことで、物件の引渡しが完了する。鍵の引渡しの際には、引渡書を作成する。

第4節 物件シートを読む

　物件情報を集めるときには、倉庫スペックの把握が必要だ。この倉庫がどんな案件（用途や荷物の種類）に合うのかを事前に想像しておく。そうすれば、お客様から照会が寄せられた際に、ニーズに合った物件をスピーディーに提案することができる。

●所在地とスペックの確認項目

　倉庫スペックの確認項目には、大きく分けて3段階ある。
　第1段階は、所在地と倉庫スペックの基本項目。
　①所在地、②建物の構造（造り・階数など）、③広さである。
　第2段階は、物流業務に関わる項目。
　④ヤードの広さ、⑤道路付け、⑥交通アクセス（高速道路のICや最寄り駅からの距離）、⑦床荷重、⑧有効梁下天井高、⑨周辺環境などである。
　第3段階は、設備等。
　⑩昇降機（EVやリフト）の大きさや容量、⑪空調の有無、⑫クレーン・機械設備・冷蔵設備等の有無、⑬事務所やトイレの有無（給湯室・OAフロア・応接室等）などである。
　特に第2段階は良く見落とされてトラブルになる項目なので、しっかりと確認すること。トラックが切り回せない、床荷重が足りないなど、荷物の種類や保管方法によっては使えない物件もあるからである。これらのスペックは、オーナーからヒアリングするのはもちろん、案内前に現地に行って確認することが重要である。

●物件3点セット

　物件情報を入手する際に、物件の図面（配置図・平面図・立面図・断面図など）や物件を明示した地図も入手しておく。賃貸条件とスペックをまとめた物件概要書を作成し、図面や地図と合わせて、一つの資料にする。お客様は物件の特徴・実際の大きさ・立地がわかるため、イメージしやすくなり、現地案内

の可能性がアップする。

　最近ではインターネットを活用してお客様も複数の不動産会社に声を掛けている。その中で自社が提案した物件を選んでもらうためには、ニーズに近い物件をスピーディーに提案することにかかっている。

　常に細かい倉庫スペックの情報収集と整理があって、初めて倉庫がどんな荷物や用途に合うのかがわかってくるのだ。そして、お客様へのヒアリングがしっかりしていれば、倉庫とお客様のニーズをスピーディーに合致させることができる。

　物流不動産ビジネスは日々の情報収集を堅実に行えば、成約率が格段に上がるのだ。

■ 物件シートサンプル ■

年　　月　　日　記入者：

所在地		構造		坪数		賃貸条件		情報元	
都道府県		造り		倉庫	坪	坪単価	円	貸主	
						総額	円		
市区町村						保証金	ヶ月	所有者	
		階数		事務所	坪	礼金	ヶ月		
丁目番地						使用開始	月　日～	借主	
						契約期間	年間		
物件№		中2階	有　無	敷地面積	坪	その他		その他	

ヤード		道路付		設備		最寄IC・駅		事務所	
横	m	前面道路	m	空調	有　無	高速	道　　IC　　で　　分	有無	有　無
縦	m			クレーン	t			OAフロア	有　無
面積	㎡	40F	可　不可	警備	有　無	鉄道	線　　駅　　で　　分	光ケーブル	有　無
		大型	可　不可	高床式	cm			リフォーム	未　済
共用	有　無	4t	可　不可	キュービクル	有　無				
		2t	可　不可	冷設	℃				
その他		その他		その他		その他		その他	

床荷重		天井高		周辺環境		昇降機		その他	
1階	/㎡ /坪	1階	m	用途地域		容量	t(kg)	築年数	年
						数	基		
上層階	/㎡ /坪	上層階	m	隣地		幅	cm	前テナント	業
				正面		奥行き	cm		
				背後		高さ	cm		
その他		その他		その他		その他		退去理由	

第5節 営業活動の心得Ⅰ：売り先行

　常に倉庫の物件情報を集めておくことが、優れた営業成果を上げるための重要な作業だ。現在空いている情報だけでなく、インターネット上に開示されないこれから空く予定の倉庫や、荷物を移動すれば空けられる倉庫の情報を多く集めて、オーナーや代理人から物件の仲介を"任せて"もらうことだ。宅建業では専任媒介契約といい、一定期間、仲介業務の優先権が確保される。専用の契約書を準備しておこう。物件情報を多く集めることを「売り先行」と言い、物流不動産ビジネスの基本だ。「物件情報の多いところに照会は多く来る」のが当然だからだ。

●他社倉庫に関心を持つ

　物流業者は競合他社の倉庫には関心が少ない。しかし、物流不動産ビジネスを行う上で一番の問題点だ。競合ではなく、協調して同業他社の情報を集めることが大切なのだ。

　倉庫を借りたい、物流企業に寄託を依頼したいというお客様は常に存在している。現状倉庫に不満を持っていて、機会があればより利便性の高いところに移転しようと考えている潜在お客様も多い。そういった企業から照会をもらうためには、お客様が求めている倉庫情報をより多く持っていなければならない。最近の傾向では、物流がより高度化し、現在の倉庫に不満を持っている企業が着実に増えていると肌で感じる。

　だから、倉庫にはタイミングと条件次第で、必ず需要がある。現在空いている倉庫は、お客様との出会いを待っている状況にあるのだ。

●専任媒介契約を目指そう

　情報収集は手近なところ、地元や近隣地域から集めていくのがコツだ。まずは自社倉庫で提供可能なスペースを把握する。次に協力グループ企業の倉庫情報、取引先の倉庫情報、近隣の倉庫情報といった親交の深い先が有力だ。こうして集めた倉庫情報をLSSのホームページやシステムツールを利用して、広域

に発信することで、倉庫を探している情報が集まってくる。

　ただし、集めた倉庫情報をただ単に情報発信するのも必要だが、可能な限り専任契約を維持することが望ましい。倉庫情報を受け取ったお客様がオーナーを知っている場合には、直接商談してしまう恐れがあるからだ。

　オーナーとの信頼関係を築き上げて、専任媒介契約として全面的に任されれば、物流不動産ビジネスは半分成約したとも言えるのだ。

　専任媒介契約を結ばなくても、情報を広告で示すという手もある。募集の看板を出すことを了承してもらう。看板の問い合わせ先をあなたの会社にする。看板を見たお客様から直接、連絡が来るようになり、物件を任せてもらうことと同様の効果を得られる。

No.	契約の種類	依頼社数	REINS[1]への登録義務	貸主(売主)への報告義務	貸主(売主)の自己発見取引[2]
1	一般媒介	複数可能	任意	任意	可
2	専任媒介	1社のみ	締結後、7日以内	2週間に1回以上文書により報告	可
3	専属専任媒介	1社のみ	締結後、5日以内	1週間に1回以上文書により報告	不可

1）REINS（レインズ）とは？…Real Estate Information Network System（不動産流通標準情報システム）の略称で、国土交通大臣から指定を受けた不動産流通機構が運営しているコンピュータ・ネットワーク・システムの名称
2）自己発見取引とは？…貸主（売主）が、自分で借主（買主）を見つけてきて、賃貸借（売買）契約を行うこと
参考URL　http://www.reins.or.jp/kiso/index.html

■ **専任媒介契約書サンプル** ■

（一部引用）

第6章　こうやって進める物流不動産ビジネス

第6節 営業活動の心得Ⅱ：ヒアリングは急がば回れ

　ヒアリングは徹底的に掘り下げていく。ヒアリングで得た情報が少ないと、どんなに優れた営業マンでも成約に至らず徒労に終わる。物流不動産ビジネスは時間がかかればかかるほど、他社で成約してしまうリスクも高まる。いかに照会先の真のニーズを早く把握するかが、ビジネスにおける大きな勝負の分かれ目になる。

●照会者は真のお客様（契約者、エンドユーザー）とは限らない

　まずはお客様の会社名・担当名・連絡先と、実際に利用する契約先を確認する。不動産ビジネスの性質上、照会してくる不動産や物流会社が多数存在するからだ。実際の利用者（エンドユーザー）が不明だと伝言ゲームに振り回される。また、成約した場合、リーシングフィーを分配する必要が出てくるため、契約先までの登場人物を確認することが重要だ。これを怠ると見込んでいた収益を得られなかったりすることが生じる。

●「ヒアリング」とは

　お客様のニーズを把握するために、基本となる7項目を確認する。
　　①用途及び扱う荷物
　　②使用開始時期
　　③希望地域
　　④坪数
　　⑤予算
　　⑥探している理由
　　⑦物流項目

　⑦の物流項目には、天井高、床荷重、出入りするトラックの大きさ、必要な設備（空調、クレーンなど）、稼働時間などがある。
　特に重要なのは、「用途及び扱う荷物」と「物流項目」。荷物の種類や保管方法によって、同じ坪数でも必要な物流施設のスペックが大きく変わってくるか

らだ。

　荷物が飲料や紙であれば、段積み保管をするので、天井が高く床荷重がある倉庫が必要だ。アパレルや精密機器・部品であれば、天井がそれほど高くなく床荷重はあまり必要ない。荷物によって、求められる倉庫のスペックが異なる。

　物流項目では輸入貨物を扱うお客様にとっては、海上コンテナが付けられなければ意味がない。稼働時間が24時間であれば、周辺にマンションなど住宅があるところでは、騒音問題が発生するので不可能だ。

　綿密なヒアリングを行いニーズに近い物件を提案することで、次のステップである案内につなげやすくなるのだ。ヒアリングをしっかりしていなければ、せっかく見学に来たのに、全く使えない倉庫だったということになる。お客様を失望させてしまい、信用を失うことになる。

　ただ坪数と賃料が合致する物件を提案するのではなく、ヒアリングでお客様のニーズを把握するのが物流不動産ビジネスの成功の鍵だ。

　お客様に合った物件を厳選して提案することが、案内を増やす近道なのだ。

ヒアリングMEMO		
商談日：	年　　月　　日	出席者：○○運送　××部長・△△主任
商談場所：		NDA提出　済　・　未
商談内容	▼条件	
	・用途：製品保管、流通加工、出荷作業	
	・商品、物流について	
	・使用開始時期	
	・希望地域	
	・坪数	
	・予算	
	▼背景事情	
	・近隣問題・荷物が入ってくる・賃料を下げたい・立退き・区画整理　など	
	・移転計画・現在賃貸中	
	・賃料・解約予告期間・契約満了・保証金	
	▼物流項目	
	・運用時間帯・トラックの大きさ・音・クレーン・高床・寄託不可・輸入多い	
	▼他物件の検討状況	
	・依頼先　○社　××不動産・△△商事　　・内見数　○件	
	・候補物件　有り　or　無し	

（一部引用）

第7節 営業活動の心得Ⅲ：組織営業は案ラク表

　照会は玉石混淆になりがちだ。簡単な条件の物件もあれば、交渉を繰り返さなければならない物件もある。情報取りだけが目的の照会も多い。ベテラン営業マンは経験上判断できるが、初心者はすべてに応対しようとして振り回され、成約率が落ちてしまう。私の10年以上のリーシング経験から導き出した、「照会内容」と「成約」の関係を整理した、案件ランク表（＝案ラク表）を紹介しよう。

●照会〜成約の確度

　右ページ図表Ⅰのお客様情報の入手経路とは、「情報の精度」のことだ。実際の契約者からの照会であれば、直接のやりとりになるので、ストレートに情報が伝わり、スピードも速く交渉がやりやすい。さらに担当者が社長や代表者などの決定権者であれば、なお情報の精度は高いと言える。一方、案件情報の出所が同業他社で、その先にお客様がいるケースであれば、連絡は間接的となりスピードが落ち、状況も把握しづらくなる。伝えたい情報やニュアンスも微妙にずれてしまう。

●契約の希望時期

　図表Ⅱの「エンドユーザーの本気度」とは、希望時期とその理由を確認することだ。既存倉庫の契約が切れる間際であったり、なんらかの事情で退去しなければならなかったり、今後荷物が増えることが決定していたりすると、緊急性が高く確度も上がる。

　逆に希望時期が未定の場合や情報収集の場合は、「いい物件があれば」という曖昧性が残る。現在使っている倉庫状況を確認するのも手だ。荷物が入りきらないような状況になっていれば、緊急性が高いという判断ができる。なぜ物件を探しているのかという本当の理由を知る必要があるのだ。

● **実現性**

図表Ⅲの「希望物件の実現性」とは、お客様が希望する条件に該当する物件情報がどのくらいあるかを判断する。例えば「東京都港区、2,000坪、平屋倉庫を探している」と言われても、このような物件は存在しない。だが、「東京都23区もしくは、埼玉県南部、2,000坪、4階建までの倉庫を探している」と条件に幅を持たせると、物件情報が複数存在する。このような問い合わせは実現性があると判断できる。

ヒアリングした項目を案件ランク表に当てはめて見ていくと、振り回されることなく照会を判断できるようになり、物流不動産ビジネスの成約率が上がっていくのだ。

■ 案件ランク表サンプル ■

ステージⅠ-1・案件情報の入手経路をチェック

1		エンドユーザー			
2	イ ー ソ ー コ	一般（3PL・倉庫など）	エンドユーザー		
3		不動産業者	エンドユーザー		
4		一般（3PL・倉庫など）	エンドユーザー以外（複数介在）	エンドユーザー	エンドユーザーとの面談可能
5		不動産業者	エンドユーザー以外（複数介在）	エンドユーザー	エンドユーザーとの面談可能
6		一般・不動産	エンドユーザー以外（複数介在）	エンドユーザー	エンドユーザーの名前はわかる
7		一般・不動産	エンドユーザー以外（複数介在）	エンドユーザー	エンドユーザーの名前もわからない

※一般とは、倉庫・3PLのほかに、システム会社や建築会社なども指す

ステージⅡ・エンドユーザーの本気度をチェック

1	1年以内に絶対に移転しないといけない理由がある（立ち退きなど）
2	合致物件があったら、1年以内に移転（移転しなくても大丈夫）
3	計画中、移転が実現したとしても2〜3年の長期スパン
4	情報収集ほか

ステージⅢ・希望物件の実現性をチェック

1	合致する物件が複数存在する（3件以上）
2	合致する物件が少ない（2件以下）
3	手持ち物件はないが、探せば可能性がある（計画物件やほかの業者が知っているなど）
4	希望条件での物件の可能性がない

（一部引用）

第8節 営業活動の心得Ⅳ：現場百篇をいとわない

　物流不動産ビジネスの3大キーワードがある。「売り先行」「現場百篇」「スピード」だ。多くの物件情報を揃え、物件の詳細を熟知して、他社よりもいち早く提案していくことだ。「売り先行」はすでに説明したので、この節では残り二つにスポットを当てる。

●現場百篇によって見える

　物件には何度も足を運ぶことだ。物件の近くに学校や病院があるか、周辺が住宅街かどうかは、地図やインターネット上からでもわかる。そのような場所では、トラックの出入りや24時間稼働が問題になるため、物流に適さないことはすぐにわかる。しかし、資料や地図、インターネットなどの情報以外に、現地に行かなければわからないことも多い。

　昼間は閑散としているのに、朝や夕方は周辺住民の通勤経路や通学路になっていて、人通りが多いことがある。時間だけでなく、曜日によっても環境が変わる。建設中のマンションが近隣にあることもある。このような情報は、地図や資料を見てもわからないことだ。

　また、天候によっても状況は変わってくる。特に雨の日は、晴れの日とはまた違った姿になる。道路の混雑状況、排水側溝のあふれ具合、近くの河川の状況などは、雨が降らないと確認できない。庇（ひさし）があると資料にあっても、実際には庇が短くて雨が吹き込んでくるので意味がないといったことも考えられる。

　周辺道路標識の確認も必要だ。倉庫の前面道路が、実はスクールゾーンで、時間帯によって大型車進入禁止だったということもある。実際に現場に行ってみないと気付かないことは意外と多い。

●提案のスピード

　同じ倉庫は二つとして存在しない。希望条件に合った倉庫が見つかっても、先に別の会社が借りてしまえば、新たに倉庫を探さなければならない。もう一

度、一から同じような条件の倉庫を探す労力とコストは、並大抵のものではない。そうならないためにも、スピード重視で動かなければならない。

オーナーにはほかのテナント候補がいるのかを常に確認しなければならない。お客様からも、「検討中です」や「確認中です」という回答をいかになくすかがポイントだ。回答期限を事前に伝えておかなければならない。

商談のときには、必ずメモや議事録などを取って、相手の確認を取ることが大事だ。日付をつけて、先方の確認をその場、もしくは、当日のメールで確認する。

複数同時に進行する営業案件で、スピードを維持して商談に漏れなく詰めを行っていくには、何より記録と期日が大切なのだ。

オーナーには申込書がいつ頃までに渡せるかを伝えておかなければ、いざ申込書を出す段階になったときにはすでに他社と話が進んでいたり、契約進行中だったりする。常にスピード重視で動き、お客様、オーナーのどちらとも連絡を密にして、両者の動きにアンテナを張っていることが大事だ。

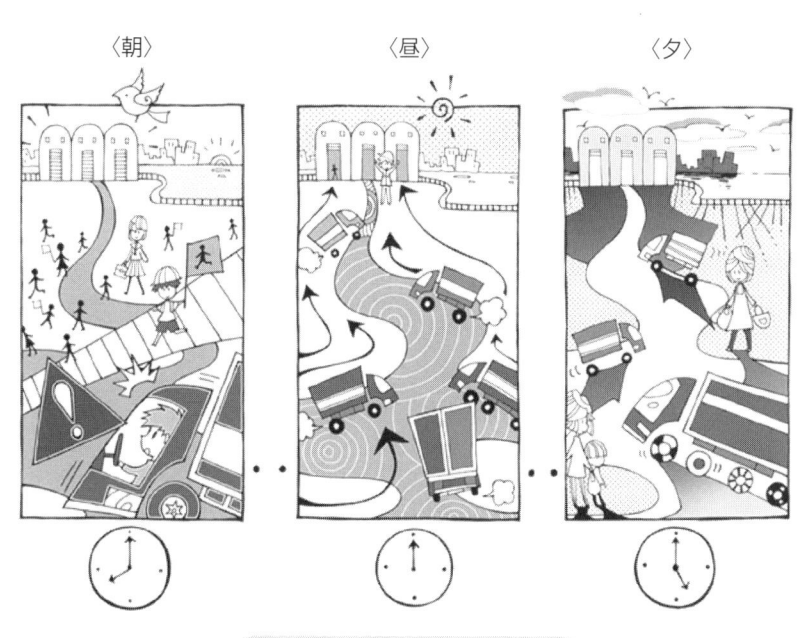

〈朝〉　　　〈昼〉　　　〈夕〉

時間によって現場は変わる

第9節 営業活動の心得Ⅴ：案内無くして、成約ならず

　お客様には実際に物件を見ていただかなければ、成約には至らないのは当たり前のことだ。物件資料だけ紹介し続けても、現地を見てもらえなければ話が進まない。いかに案内（内見）を早く、多くできるかが成約に至るポイントである。案内時には「現況チェックシート」を利用することで、情報の共有化を図れ、新人でも、もれなく情報を集めることができる。

●案内に導くために

　スピードよく物件資料を送ったら、次はお客様に現地を見学してもらう。ただ物件資料を送ってお客様からの返事を待つだけでは、案内にはつながらない。物件資料を送ったら必ず電話を入れることが重要である。物件がお客様ニーズに合っている点などを説明し、お客様の興味を引くようにする。それだけでは、なかなか案内までには至らないので、物件の希少性を説明するのも効果的だ。

　また、「見に行くと、条件交渉を有利に進められる可能性がある」と言って、内見するメリットを説明するのも手だ。

●物件の状況は常にチェック

　案内時には設備の確認もしておくと良い。オーナーが所有している設備と前テナント残置物がある。設備は故障したとき、誰の負担で修理するのか、契約満了で退去する際は、撤去するのかどうか、などを確認することが重要である。そして、その確認事項を簡単な議事録や備忘録を作成し、互いに意思統一しておくことである。

　実際に案内をしている最中にお客様から、「賃料はもう少し交渉できないか？」「借りるのが2ヶ月先だけど、待ってもらえるか？」などの『条件に関する話』が出たら、興味があるというサインである。

　現地でお客様を見送ったら、すぐにオーナーにお客様の感触を伝える。大半のオーナーは「見込み客をつれてきてくれた」という気持ちから、普段は言わ

ない本音を言ってくれるものだ。そこを逃さずに、物件の状況を確認しなければならない。ほかに物件を見に来ているライバルの状況を把握しなければならない。

案内が終了したら、オーナーから聞いた状況をお客様に伝え、賃借の回答をいつまでにもらえるかの期限を定めることが重要だ。

物件はいつまでも空いているわけではない。特に、お客様が社内の承認を取り、既存物件の解約予告をした後に物件が借りられないような状況になると、大問題だ。それを防ぐためにも、常にオーナーに他社の引き合い状況を確認し、その都度お客様に報告することが肝心だ。

■ **物件案内時現況チェックシートサンプル** ■

案内者			案内日			
テナント						
立会者		オーナー：		元付：		
物件所在地						
建物	構造					
	坪数	倉庫：		事務所：	敷地：	
ヤード	線引き	専用		共用		
道路	前面道路	側　　　　m		側　　　　m		
トラック	2 t	可		不可		
	4 t	可		不可		
	大型	可		不可		
	20F	可		不可		
	40F	可		不可		
設備	空調	有	無	基	残置	残置でない
	クレーン	有	無	基　　t	残置	残置でない
	キュービクル	有		無	残置	残置でない
	冷設	有	無	〜　℃	残置	残置でない
	警備	有		無	残置	残置でない
	OAフロア	有		無	残置	残置でない
EV	サイズ	幅　　　m		奥行　　　m	高さ　　　m	
	容量	t		t	t	
床荷重	1階	t／㎡		t／坪		
	2階以上	t／㎡		t／坪		
天井高	1階	軒高　　m		最後部　　m	梁下　　m	
	2階以上	軒高　　m		最後部　　m	梁下　　m	

（一部引用）

第10節 周辺相場を知る

　地域の賃料相場を知ることが重要だ。物件のスペックが良く、荷物に適した倉庫であっても、賃料が合わなければ契約は難しい。募集の段階で周辺相場を把握し、相場に準じた賃料設定をする。周辺相場から高過ぎても低過ぎても、賃料設定は問題になる。相場より高過ぎれば、引き合いも少なくなり、低過ぎれば近隣倉庫に影響を及ぼすのだ。

●物件と相場観

　オーナーからお客様の募集を依頼され、賃料を設定するときに必要となるのが相場感だ。この地域とスペックであれば、倉庫の坪単価はいくら位かというものである。募集物件の賃料が、周辺相場と比較してあまりにも高く設定されていれば、どんなに優良なお客様に物件を提案しても、賃料を見た時点で検討から除外される。募集賃料に現実性がなければ、無駄な時間と労力を費やすことになる。

　特に気を付けたいのが、周辺の相場よりも安く賃料を設定してしまうことだ。それを知った周辺の物件を借りているお客様が、賃料の値下げ交渉に使う可能性が出てくる。募集賃料を周辺相場よりも逸脱して安くすることは、周辺の相場を崩す結果となりうる。

　もちろんお客様からの照会にも相場観は必要だ。相場よりもかなり安い金額で物件を探している場合には、この予算では厳しいことを伝えるか、予算に合った地域で物件を探すことを提案しなければならない。

●実体相場を調べるには

　手軽に活用できるのはイーソーコ.comだ。2011年11月現在、物件登録数が28,000件となり、日本最大級の情報量を有する。市区町村ごとの検索が可能なため、検索してヒットした物件の募集賃料の平均値をとることで、周辺相場を知ることができる。周辺相場を調べるときには最も手軽な方法だ。

　地域に詳しく、情報を多く持つ企業がある。「プライスリーダー」と呼ばれ

る存在だ。主に、その企業の営業担当者がその役割を果たしている。

「今度○階建の○○○坪の物件に空きが出るのだが、坪当たり○,○○○円くらいで募集しようと思うのだが、どうか？」と相談すれば、その料金が適正かどうかの回答をもらえるだろう。

プライスリーダーや地元に密着した企業とのネットワークを構築し、彼らの経験と相場感を活用させてもらうことが大切だ。あなたの募集条件が固まった段階で情報を提供するなど、彼らのメリットも忘れてはならない。有益な情報を発信し続けることが、良好な関係を継続させるコツである。

地元に密着した物流企業は、全国の相場はわからないが地元に関する賃料相場なら誰よりも詳しい。表には出てこない募集賃料や成約賃料などの地元ならではの情報を多く持っている。

普段から、プライスリーダーに代表される方々とのネットワークを持つことで、周辺相場を知ることができる。相談に乗ってもらうばかりではなく、有益な情報を提供したり、時には相談に乗るなどして、Give and Givenの関係を継続していくことが重要だ。

関東主要都県の募集物流施設賃料相場

(2011年7月末現在)
(単位：円／坪)

地域		ドライ倉庫 (平屋・1階のみ)	ドライ倉庫 (多層階)	平均
東京	城南	6,300～8,600	5,500～7,600	6,800
	湾岸地区	5,600～8,900	5,000～7,400	6,300
	城東	5,200～6,700	4,300～5,900	5,500
	城北	5,600～8,000	5,100～7,100	6,200
	都下	3,800～6,800	3,200～5,800	4,500
神奈川	川崎・横浜臨港地区	3,800～6,400	3,200～5,400	4,800
	川崎・横浜内陸部	4,500～7,100	4,300～5,800	5,600
	県央地区	3,800～4,800	3,200～4,300	4,000
千葉	湾岸	4,000～4,800	3,500～4,600	4,600
	千葉県北部	3,500～4,500	3,000～3,800	3,400
	千葉県内陸部	2,600～3,800	2,000～3,600	3,500
埼玉	外環沿線	4,100～4,800	3,500～4,400	4,200
	16号内側	3,600～4,200	3,200～3,900	4,000
	16号外側	2,800～3,600	2,400～3,500	3,000

(※イーソーコ.comの物流施設物件データより100坪以上を抜粋)

第11節 契約前の与信調査は重要

　どんなビジネスも相手に弁済の資力があるかどうかは、当然確認しなければならない。倉庫を賃貸借する際、契約書の内容も重要だが、相手の信用度＝与信を調査することも重要である。
　日本の習慣では相手企業の売り上げや利益、事業の状況を直接聞くことに抵抗がある。与信は直接ではなく情報機関を利用しておくことが無難だ。

●テナントの与信を調査する

　倉庫を賃貸したものの契約後すぐに解約されたり、賃料を滞納されたのでは、目も当てられない。契約前にお客様の与信を十分に調査しなければならない。
　主要取引先やメインバンク、資本金、年商・経常利益、ここ数年の業績、従業員数など。会社謄本を取得したり、決算書を提出してもらうことを申し出てみよう。それができないなら、帝国データバンクや商工リサーチなどの調査会社を利用する。お客様が現在借りている倉庫オーナーを知っていれば、問い合わせするのも一つの方法だ。ここ数年業績が良くとも、お客様の業界動向を観察することも大切である。
　また、必ず契約前にお客様に現在の倉庫を見せてもらい、現場状況を見て、事務所の雰囲気をチェックするのも与信を判断する一つの手だ。

●オーナーの与信も調査する

　ここ最近の傾向として、逆の申し出が増えてきた。お客様がオーナーの与信を気にするようになってきている。これは、不況やかつては想像さえしなかった一流企業の倒産などのニュースが一因であろう。
　調査方法の一つとして、登記簿謄本の乙区（抵当権・根抵当権）を確認する方法がある。オーナーの経済状況が悪化し、抵当権が実行されてしまうと物件が差し押さえられたり、競売にかけられることになる。
　万が一競売によって所有者が変わった場合、お客様の賃借権は保護されな

い。退去までの猶予期間が6ヶ月間与えられるが、その期間を経過すると、強制退去となってしまう。しかも、預けている敷金（保証金）は、新しい所有者へは引き継がれない。旧所有者へ返還請求しても、物件を差し押さえられる状況であれば、まず戻ってくることはない。

物流不動産ビジネスでは倉庫を貸す場合も、自ら倉庫を借りて運用する場合もその相手の与信を調査する必要があるのだ。調査の結果、直接の契約にリスクが高いと判断した場合は、第三者の物流不動産企業に相談して、マスターリースしてもらうことも一つの方法だ。

リスクを認識したら、逓減や回避策としての対策があるので、活用するようにして欲しい。

■ **登記簿謄本乙区サンプル** ■

権　利　部（　乙　区　）		（所有権以外の権利に関する事項）	
順位番号	登記の目的	受付年月日・受付番号	権利者その他の事項
1	根抵当権設定	平成12年2月3日 第12346号	原因　平成12年3月4日設定 極度額　金1億2,345万円 債権の範囲　銀行取引　手形債権 　　　　　　　小切手債権 債務者　××市△△町2丁目4－5 　□□□□株式会社 根抵当権者　××市▲▲町1丁目2－3 　株式会社■■■■銀行 　（取扱店　●●支店） 共同担保　目録（あ）第1234号 順位1番の登記を移記
	余　白	余　白	昭和63年法務省令第37号附則第2条第2項の規定により移記 平成12年3月4日

第12節 物流ニーズを捉えるコンサルティング術

　倉庫を探しているというお客様の情報が物流不動産ビジネスをやっているある物流企業に入ってきた。ヒアリングし、条件に合致しそうな物件情報を複数持っていた。案内後、そのうちの一つが条件に合い、候補として挙がった。お互いの条件を調整し、マッチングに成功し、リーシングフィーを手に入れた。普通のリーシングであれば、ここまでだ。しかし、この物流企業はさらに、お客様の運送を受託することにも成功した。倉庫の移転では既存の運送業者が対応できる範囲から外れることもあり、新規業者が運送を受託するチャンスでもある。リーシングで情報を先取りできたから、本業の運送受託につながった事例だ。

● 突然でも権限者に出会えるチャンス

　物流不動産ビジネスをやっていたのは、売り上げが数十億円の物流企業だ。日本でも有数のメーカーから、近くで倉庫を探しているという問い合わせがあった。

　条件などの詳細を聞きに先方に行くと、決定権を持った人と面会することになった。不動産契約の場合、金額が大きくなるため、権限を持った人が担当することが多い。倉庫に関する条件や倉庫を探すのに至った経緯、現在の物流で抱えている問題点をヒアリングできた。倉庫の提案に必要なものの一つが、先方の正確な情報。相手がなぜ倉庫を探しているかをしっかりとヒアリングすることが重要だ。

　ヒアリングできた情報の中に新たな提案のヒントが隠れている。これが本業である物流受託のチャンスだ。運送や庫内作業などでお客様が不満に思っていること、改善しなければいけないと思っていることが含まれているのだ。そこにコーディネートできる可能性がある。

● 運送を提案し断られた過去も

　この物流企業は過去にこのお客様に運送の提案をしたことがあった。ほとん

ど飛び込みのような状況。出てきたのは若い物流担当者。話は聞いてもらったが、その後断りの電話。本当に社内で検討されたのかもわからないような対応だった。

　それが、倉庫という不動産の切り口から物流の権限を持った人に会うことに成功した。倉庫の仲介で信用を得ていたので、運送の提案内容も実際に検討してもらい、運送の受託となった。

　この物流不動産ビジネスの営業活動では二つのメリットがある。一つはお客様の物流に関する情報を手に入れられること。もう一つは物流の権限を持った人と商談ができることだ。

　この二つを活用すれば、倉庫のリーシングだけでなく、自社の本業の物流業務の受託を成功させることができるだろう。

第6章　こうやって進める物流不動産ビジネス

物流不動産ビジネスでは、キーマンと出会えるチャンスがいっぱい

第13節 物流不動産ビジネスの最終形態、マスターリース

　物流不動産ビジネスでいうマスターリースとは、物流不動産企業がオーナーから倉庫を借り受けて、賃料を保証し、付加価値を付けて運用するという手法だ。オーナーとお客様との双方にメリットが出るようにコーディネートする。物流不動産ビジネスでいうサブリースは、それは単純に転貸して賃料差益を収益にしているビジネスモデルなので、全く異質なものだ。物流不動産ビジネスにとってマスターリースは、安定した売り上げとなるが、高度なノウハウを結集しなければならない。

■ **物流不動産ビジネスにおける定義** ■

マスターリース	運用（物流＋不動産＋建設）	賃料保証して借受けた物件を、一部は自社の物流として活用し、一部は自社で設備投資などを行って付加価値を付けて、転貸する。
サブリース	転貸（不動産）	賃料保証して借受けた物件を、そのまま第三者へ転貸する。

●物流不動産のコーディネーター

　実際の営業マンが行うマスターリース業務は、専門スキルが結集されている。賃貸借契約に関する知識や必要書類の作成スキル＝不動産のノウハウ、工事に関する知識や技術論＝建築のノウハウ、倉庫の運用スキル＝物流のノウハウだ。
　例えば一社だけでは空きスペースが埋まらないが、立地やスペックなどをお客様が気に入っている場合、自社で一括借り上げを行い、お客様には転貸、残りの空きスペースを自社運用するといった方法を取る。工事の原状回復、入居工事の調整などもマスターリースを行っていると、スムーズにできるメリットもある。こういったコーディネートができるのは、組織営業力とネットワークの賜物なのだ。

●オーナーとリスクを共有する

　倉庫の賃貸借には工事が発生する。ビンテージ倉庫の賃貸借であれば尚更だ。中には工事費用が高額なため、お客様が資金を出せないことがある。オーナーも投資するなら別のお客様に貸した方がリスクが少ないと判断することもある。そんなとき、あなたの会社で工事費用を肩代わりし、その費用を分割して賃料に追加して、回収するといった方法がある。お客様が途中で退去してしまうリスクは否定できないが、お客様にとってのイニシャルコストが軽減し、物件を借りやすくできる。さらに、オーナーには建物がバリューアップされる。あなたには工事による賃料差益が生まれるというトリプルウィンが実現する。

　お客様の与信に不安があったり、初めて取引する相手の場合には、「賃料を下げても構わない。あなたに間に入ってもらえれば安心できる」とオーナーから依頼されることがある。オーナーへの厚い信頼がなければできないが、依頼を受けリスクをできるだけ軽減するようにノウハウを結集させて対応するのが重要である。

●物流不動産プレーヤーに休息はない

　マスターリースを行うと営業マンの出番は契約後も続く。雨漏りや台風による雨の吹き込み、シャッターや壁の破損事故、空調機やトイレの故障、工事の立会いや時間調整、等々。これらすべてにあなたが対応しなくてはならない。事故や雨漏りは待った無しで襲ってくる。現場に急行し現状を把握する。その後、オーナー・テナントと今後の対策を練る。

　このようにマスターリースは長期間、オーナー、お客様と関係が続くので、より強い信頼関係が結べるようになる。

Appendix

物流不動産ビジネスパック〈契約管理〉

　物流会社の皆さんが、これから物流不動産ビジネスを進めていくのに一番必要になってくるのが、不動産業界でよく使われている書類や契約書類だ。ここを押さえないと、オーナー、テナント、不動産業者などとトラブルになることが増えてしまう。せっかく様々な業界とのネットワークを作っても、どんどん狭まってしまい、ビジネスが広がらなくなってしまう。

　不動産の説明となるので、聞き慣れない言葉も多いが、これから本格的に物流不動産ビジネスを行うなら、一つひとつ覚えていこう。

　また、添付しているフォーマットは、当社が物流不動産ビジネス用にカスタマイズしたものだ。一般の不動産業者が使っているものとは違う。よく、その会社で使い続けていた契約書をひな形として使っている企業が多い。法律は年々改正されるので、常にひな形を刷新していかなければならない。

　残念ながら、本書で紹介している書類は、ほんの一部である。さらに、紙面の制約上、一部割愛しているところがある。実務で利用する場合には、遠慮なく問い合わせて欲しい。

第1節 物件情報の読み方

オーナーから任された物件（第6章第5節126ページ）の情報を、各業界に発信しなければならない。物流不動産ビジネスにとって重要な不動産業者に向けて発信する有効な方法がある。それが物件シートと呼ばれる物だ。統一フォーマットとなっており、不動産業者間の情報交換の際には、必ずと言っていいほど用意される。不動産業者は、このシートをうまく活用してお客様を探し出す。一般的な物件シートの中身を説明する。

●物件シートとは

B4サイズで作成された物件シート（ファクトシート[27]、不動産情報シートなどの呼称がある）には、物件概要と物件の募集条件の情報が掲載されている。物件をオーナーから任されている元付業者[28]が作成し、お客様を探してくる客付業者[29]向けに情報を発信するのだ。受け取った不動産業者（客付業者）がお客様にその情報を見せるときは、会社名などを自社に変更して使う。これを不動産業界では「二次広告」と呼んでいる。店頭での集客や、接客資料として利用するケースが多い。

物件シートに書かれている情報は、住所や賃料、広さなどの数字データと、平面図や立面図、配置図などの図面が基本となっている。大きさやレイアウトがイメージしやすいように工夫されている。図面には方位や接道状況、隣接の区域などが書かれており、住所と合わせれば、地図上でも確認が可能だ。

【物件概要】
- 所在地：物件のある住所
- 構造：建物の造りと階数
- 賃貸面積：募集している面積。倉庫の場合、倉庫スペースと事務所スペースがそれぞれ明記されていることもある。

---

[27] 不動産情報企業アットホーム株式会社の商標登録。
[28] オーナー側の仲介業者。
[29] お客様側（テナント）の仲介業者。

- 敷地面積：土地の広さ（大型トラックや牽引トラックが入る場合は、ヤードとして利用できるスペースが十分に広くなくてはならない）。
- 交通：最寄り駅、バス停からの徒歩時間が明記される（物流不動産の場合、最寄りの主要幹線道路、高速道路のICからの所要時間や距離が表示されることが多い）。
- 用途地域：都市計画法の地域地区の一つ（営業倉庫が取得できない地域があるので注意が必要）。

【賃貸条件】

賃貸条件に書かれている項目は、この物件を賃貸借契約する場合にかかる費用について説明している。

- 月額賃料：通常、毎月翌月分を前家賃として支払う金額。
- 敷金・保証金：契約に対する保証、担保としてテナントがオーナーに預け入れる金銭。通常契約終了後に、オーナーに対する債務がなければ、返還される。
- 礼金：テナントがオーナーへ、契約の礼として支払う費用。
- 契約期間：契約開始から終了までの期間（3年が一般的である）。
- 使用開始：物件をいつから使用することができるかというもの。
- 仲介手数料：成約した場合に不動産業者に支払う報酬。

これらのことから、この資料では契約に際し、契約日までに前家賃1ヶ月分・敷金3ヶ月分・礼金1ヶ月分・仲介手数料1ヶ月分の、合計月額賃料の6ヶ月分の費用が必要であることがわかる。ただし、これらの条件は、仲介手数料を除き、いわばオーナーの希望条件であるので、実際には交渉次第で条件が変わることがある。

■ ファクトシートサンプル ■

第2節 手数料の読み方

　前節で説明した物件シートの下段には、発行した①不動産会社の概要②成約した場合の手数料の分配③取引態様──が示されている。とりわけ、手数料の分配は、必ず確認しなければならない重要事項である。

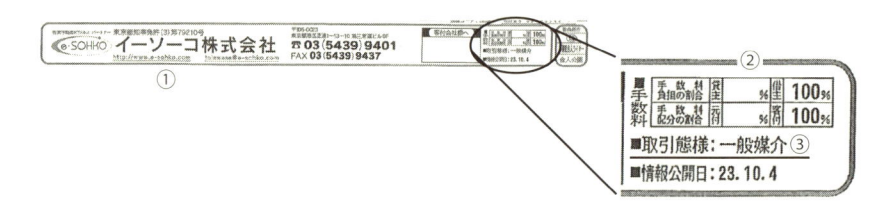

●取り扱い会社を確認

　ファクトシートの下段①には、この物件を任されている不動産業者の商号・住所・連絡先はもちろんのこと、免許番号・ホームページを持っていれば、そのアドレス・問い合わせメールアドレスなどが、記載されている。
　下段の①、②、③を変えれば、二次広告として簡単にお客様へ資料を提示できるようになっている。

●手数料のとり方、金額を確認

　次に②手数料の負担の割合と、配分の割合という表がある。これは、最大で月額賃料の1ヶ月分である『仲介手数料』を、誰が何割負担をして、誰が何割受け取ることができるかを記したものだ。上段が、負担する側、下段が受け取る側となっている。
　上の図を例にとってみよう。上段に「借主100%」とある。この場合は、借主＝お客様（テナント）が手数料をすべて負担するという意味である。下段には、「客付100%」と記されている。客付業者がその手数料を受け取れるという意味であり、業界的には「分かれ」と言う。
　ここで注意したいのが、不動産業者からの物件シートを見て、問い合わせするときだ。その不動産会社が元付なのか、それとも別の不動産会社の物件シー

トを二次広告として利用しているのかを確認したい。二次広告として利用しているのなら、客付けとして手に入る手数料は、その不動産業者と折半となる。場合によっては三次広告、四次広告ということもあるので、後々のトラブルを避けるためにも、あらかじめ手数料の按分確認を行うのが良い。

●取引態様を確認

取引態様は、物件シートを発行した不動産業者が、オーナーからどの種類の媒介契約を締結しているかを示している。

仲介をする媒介契約には、一般媒介契約・専任媒介契約・専属専任媒介契約と3種類ある。大きな違いは、一般媒介は、複数の不動産業者に同時に客付を依頼することができ、専任・専属専任は、1社に限定して客付を依頼する点だ。

オーナーからすると、複数の不動産業者へ依頼できる一般媒介の方が有利に考えがちだが、不動産業者は他社との競合になることを敬遠する。そのため、収益の見込める専任・専属専任媒介のリーシング客付に時間とコストを注ぐのだ。

■ **客付100%の場合** ■

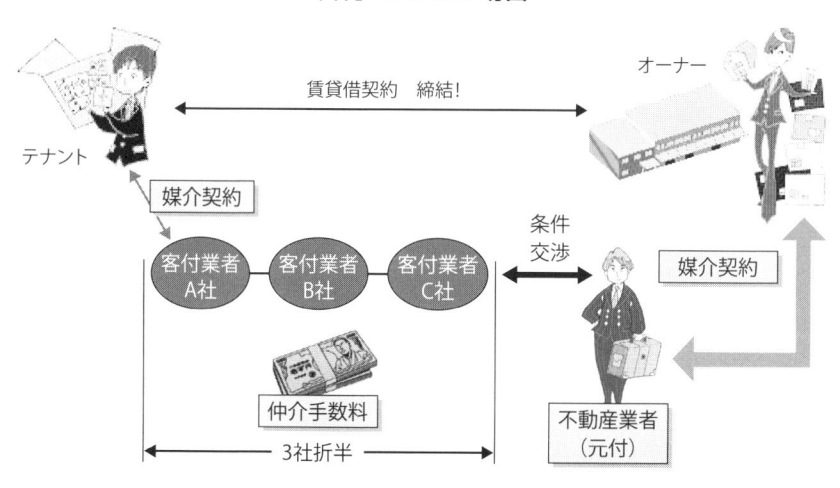

あなたはどの位置にいるか確認！客付側になるとテナントからの仲介手数料の取り分が他の不動産業者と折半になることも

第3節 契約書の種類

　物流不動産ビジネスの中でも、基本となる不動産賃貸借契約を見ていく。一口に不動産賃貸借契約と言っても、その種類は様々だ。この節では、よく使用する契約の種類を記したので、どういったときに使えば良いかを把握してほしい。

●普通賃貸借契約（更新可能）

　不動産賃貸借の契約で一般的なのが、普通賃貸借契約だ。契約内容の必須項目は、賃貸人（オーナー）・賃借人（テナント）の表記、物件の表示、賃料の額や支払方法、契約期間などの取り決めがある。契約の解除、損害賠償の予定額、賃料以外の金銭（諸費用、保証金等）がある場合の額、支払時期などの記載も必要だ。

　契約ごとにその契約独特の特約事項が設けられることがある。例えば、同一敷地内にテナントが2社いる場合のトラックヤードの使用ルールや、前テナントが残していき、新テナントが利用を希望した設備（残置物）についての修理、原状回復の取り決めなど、様々である。

　普通賃貸借契約は、一般的な不動産契約でもよく利用されているため、物流不動産契約に流用するケースが多い。しかし、物流不動産独自の特約が抜けるため、後々のトラブルに発生しかねないので、流用には注意が必要だ。

●一時使用賃貸借契約（更新不可）

　お中元・お歳暮商品の一時的な利用や、建て替えの間の一時期間において結ぶ短期契約だ。基本的に更新ができない契約となっている。CMやテレビドラマの撮影では、時間単位のケースもある。想定されるリスクは、テナントが期限を過ぎても物件から退去しないことだ。次のテナントが決まっていると、大きなトラブルに発展する。そうならないためには、①使用目的を具体的に明記する（例：事務所リニューアル工事のために書類、オフィス備品を、平成23年○月○日から1ヶ月間本物件に入出庫・保管すること）②期間を限定する③退

去が遅れた場合の責任をはっきりさせる（損害賠償・違約金等）④連帯保証人を立てる——などを契約条項で取り決めることが重要である。

●定期建物賃貸借契約（更新不可）

物流不動産ファンドが建てるメガ倉庫では、利回りを確定させるために、定期建物賃貸借契約を採用することが多い。定期建物賃貸借契約とは、契約期間を限定させる賃貸借契約だ。特徴は更新がなく、期間満了で完全に契約が終了する点である。借地借家法はテナントが手厚く保護されているため、悪質なテナントを退去させたくても正当事由がなければ、オーナーは解約することができない。だが、定期建物賃貸借契約は更新がなく、契約の終了をもってテナントが退去するため、オーナーにとって有利な契約と言える。

また、契約期間内はオーナー・テナントどちらも中途解約ができないという特徴がある。契約期間で多いのが5年。ビルド・トゥ・スーツ型であれば10〜20年。そのため、契約期間内の賃料収入が確定することから、利回りが確定し、オーナーにとっては建物に対しての投資がしやすくなるメリットがある。

テナントにとっては、賃料の改定がないため、契約期間内の値上がりの心配がない。

●公正証書契約

物流不動産の賃貸借契約では、一般不動産物件に比べて調整項目や特約事項の内容が多く、トラブルが発生する可能性が高い。例えば、オーナーが保証金ではまかないきれない債権を負うことを想定するときに、オーナー・テナント双方の同意により公正証書契約を締結することをすすめる。費用はかかるが、裁判手続を経ることなく債務不履行者に対し、強制執行することが可能となる契約だ。ポイントとして、契約書の中に、強制執行する旨を記入しておかなければならない。

公正証書契約は、全国の公証役場で行うことができる。

第4節　普通賃貸借契約書

　契約内容の表現の違いで解釈に差が出て、後々大きなトラブルを生む可能性がある。物流企業にとってあまり馴染みのない、物流不動産ビジネスで使われる普通賃貸借契約とはどのようなものかを見ていく。

●契約書の記載項目

　契約書に記載する項目で、特に注意が必要な「使用目的」、「諸費用」、「禁止事項」、「免責事項」、「原状回復」、「特約」の各項目を解説する。

●使用目的

　倉庫の場合、テナントがどのように使うのかを、使用目的の項目で明確にすることが重要だ。使用目的を単純に「倉庫」としてしまうと、極端な場合、オーナーの予期しない臭いのある荷物や廃材などを保管されてしまう恐れがある。

　使用目的をより具体的に「衣料品の保管・梱包・配送」などと限定することで、定めた使用目的以外で倉庫を使われたときに、是正を申し入れることができる。違反が度重なる場合は契約を解除することも可能になる。

　特に「倉庫兼事務所」といったような大まかな書き方をしていると、使用方法によっては関係法令（例えば消防法）に抵触するおそれが出てくる。「契約書に記載された使用目的で借りているのに、何故使えないのか？」と主張され、オーナーの負担で改修工事をする必要が出てくることがある。

●諸費用

　賃料や保証金以外にも倉庫にかかる費用がある。水道光熱費やエレベーター、空調機などの保守メンテナンス費用、法令点検費用、照明・衛生用品の取替えの消耗品費などである。これらについて、オーナー・テナントのどちらが負担するのかを取り決めて、表（例・修繕及び保守点検費用の負担区分表）などにして別紙添付しておかなければならない。共益費や管理費を設定するな

らば、その内容を明確にすることが望ましい。

また、事前に入居後にかかる費用（町内会費など）も明記しておこう。

●禁止事項

テナントの使用目的違反や、転貸、賃借権の譲渡、無承諾での造作工事、近隣への迷惑行為などを契約で禁止する。物流不動産ビジネスでは、〇kg以上の荷物の搬入を禁止するという荷重の制限や、臭いのあるものや危険品の搬入・保管を禁止することが多い。禁止事項を取り決めることで、違反があった場合、即刻解除事項になるため、建物の状態や権利を保全できる。

●免責事項

通常は天災地変や盗難、労働争議などの不可抗力による損害が発生した場合に、オーナーには何らの責任が生じない。

●原状回復義務

物流不動産の賃貸借で、トラブルが多く発生するのが、原状回復だ。原状回復とは賃貸借契約が終了する際に、引渡しを受けた当時の状態に戻すことをいう。引渡し前に写真を撮り、原状回復確認書などを作成することで、解約時のトラブルを未然に防ごう。

●特　約

物流不動産賃貸借には特約事項が多い。設備や残置物についての取り決めや造作工事の原状回復免除、共用部分やヤード・駐車スペース使用についてのルールなど様々だ。通常の条項では定められない例外的な取り決めである。

第5節 マスターリース契約

　マスターリース・サブリース契約を行う際に重要なのは、①オーナーに対し事前に転貸の承諾を得る、②オーナーとの契約内容とテナントとの契約内容に矛盾がないようにする――ことだ。ボタンを掛け違えると、リスクを抱えるので、詳しく説明する。

●転貸承諾書は必須

　転貸借とは、「オーナーとの賃貸借関係を維持しながら、物件をお客様に賃貸すること」をいう。必ずオーナーから転貸を承諾したという「転貸承諾書」を発行してもらわなければならない。オーナーから直接借りる場合だけでなく、オーナーから借りている転貸者から借りる場合も同様（二重転貸）である。その場合、転貸者から「転貸承諾書」を発行してもらうだけでなく、オーナーと転貸者間で「転貸承諾書」が発行されていることを確認し、写しをもらう必要がある。

　オーナーの承諾なく転貸を行ったときは、オーナーは契約を解除することができる。しかしその場合でもあなたの会社とテナントとの間の契約は有効となる。あなたの立場から見るとオーナーからは契約解除され、テナントからは契約の継続を主張される。どちらの主張も正しいので、板ばさみになり、両者から訴訟を起こされる可能性が十分にある。

●契約内容は矛盾のないように

　オーナー、テナントそれぞれの契約書に矛盾がないようにしたい。オーナーとの原契約の条件を超えないように、テナントとの契約書を作成しよう。

　例えば、オーナーとの契約書に「造作工事を行う場合は、事前にオーナーの許可を得てから行わなければならない」とされているとする。一方、テナントとの契約書にはその記載がなかったとする。契約内容の通りでいくと、もしテナントがあなたに断り無く造作工事を行ってしまったら、どうなるだろうか？

　オーナーはあなたに対し造作工事の中止と、原状回復を主張する。だが、テ

ナントに対しては、規定がされていないため、造作工事の中止と原状回復を主張することができない。本来調整役であるはずのあなた自身が板ばさみになり、お互いの調整ができなくなってしまうのだ。専門家として、避けなければいけない事態だ。

　ただし、賃料については、同一にすることができない。賃料差額は、オーナー、テナントへ提供するサービス、保証内容、テナントの与信の有無によって決める。

板ばさみ状態
板ばさみにならないように、契約内容は矛盾しないようにしないといけない

第6節 重要事項説明

　不動産賃貸借契約を締結する際に、宅地建物取引業者（宅建業者）が仲介する場合は、テナントに対し「重要事項説明」が法律で義務付けられている。重要事項説明の主旨は、テナントに対し契約するための判断材料を事前に説明することにある。

●重要事項説明とは？

　重要事項説明とは、不動産賃貸借契約を締結する前に宅建業者がテナントに対し契約を締結するかどうかに関わる大事な内容を説明して、判断してもらうために行うことである。ただし、重要事項説明ができるのは宅地建物取引主任者（宅建主任者）の免許を持った者だけだ。宅建業者は法令で、重要事項を宅建主任者に説明をさせなければならない。重要事項が記載された書面には、宅建業者と宅建主任者の免許番号と氏名を記名押印してテナントに交付することも義務付けられている。その際、テナントからは重要事項説明を受けた旨の書面に署名捺印をもらう。

●重要事項説明の項目（賃借の場合）

　説明しなければならない重要事項は、右図の通りだ。
　契約内容の説明以外に、登記簿の記載事項や、各種法令上の制限など、法務局で調査したり、市役所等の関係官庁に問い合わせなければならない。特に、建築基準法の改正によって、石綿使用や耐震診断についての説明義務も課せられるようになったことに注意したい。宅建業者には、故意に不実のことを告げたときや、事実を知っていて告げなかったときには、宅建業法上、重い罰則が科せられることはもちろんのこと、それによりテナントが損害を被った場合、責任を負うことになりかねない。
　特に、物流不動産ビジネスで扱う物流不動産物件には、特約事項が多くあるので、資料などを用意して、わかりやすく説明し、相手に認識してもらうことが大事だ。

■ 重要事項説明項目 ■

1	物件の表示
2	登記簿上の権利関係
3	法令上の制限
4	飲用水・電気・ガス・排水の施設整備状況
5	賃料以外の金銭授受の額とその目的
6	契約の解除に関する事項
7	損害賠償額／違約金
8	手付け金の保全措置及びその措置概要
9	ローンの斡旋内容及びその不成立時の措置
10	物件が土砂災害警戒区域内であるかどうか
11	石綿使用の有無の調査結果がある時はその旨
12	昭和56年5月31日以前の建築物については耐震診断を受けているかどうか
13	設備の状況
14	契約期間と更新
15	用途など利用にかかる制限
16	敷金等の契約終了時に精算する金銭
17	管理の委託先
18	定期借地権又は定期借家である場合はその旨を記載

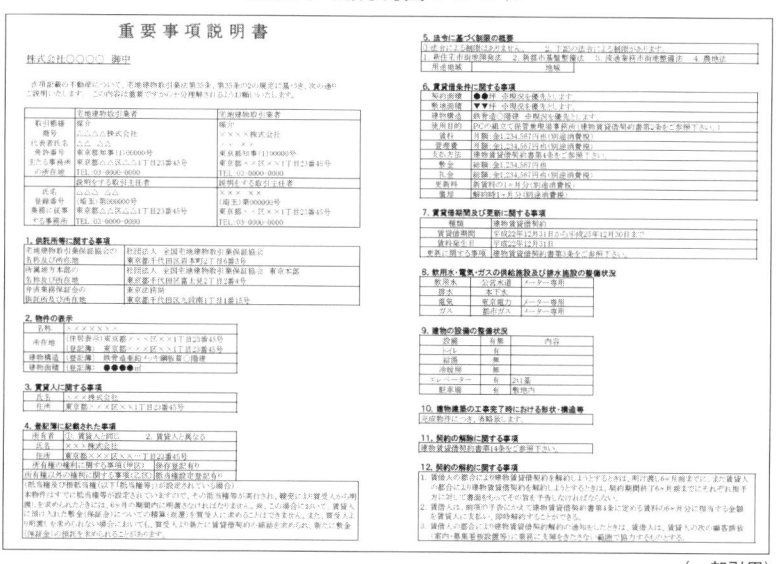

■ 重要事項説明書サンプル ■

(一部引用)

第7節 建物の付属書類

　物流不動産ビジネスにおける不動産賃貸借契約書には、図面を添付しなければならない。同一物件に複数テナントが入居する場合や、同じ敷地内に複数の建物がある場合は、専用部分と共用部分の境界線の位置や敷地の使用スペースで業務開始時にもめる可能性が出てくるからだ。

●専用と共用の境界を明示する

　物流不動産の賃貸借契約では、一つの建物を複数のテナントで分割して賃貸する場合や、同じ敷地内に複数建っている建物を賃貸することが多い。

　複数のテナントが入居するのに、全く仕切りのない場所の一部を賃貸する場合がある。契約書に坪数のみを表記し、現場でその場所を説明するだけでは、実際の賃貸部分があやふやになってしまう。そのため、オーナーやほかのテナントとの間に問題が生じる可能性がある。

　どこまでが賃貸部分かを現場で簡単な仕切り板で区画し、さらに契約書に添付する平面図にも明記する。その違いがないことを、オーナー、テナントの両方に確認を取ることでトラブルを未然に防げる。

　同じ敷地内に複数建っている建物を賃貸する場合は、建物は別々に分かれているが、同じ敷地内にあるために、敷地を分割して使う。大半は敷地を共有にして、トラックの駐車スペースや荷物の仮置き場として、忙しいときはお互いに譲り合って使うという暗黙の了解で運用させていたりする。しかし、トラックの入荷のタイミングが重なると、敷地にトラックが入れなくなったり、切り替えしができなくなってしまう。このような問題が起きてから敷地境界の取り決めを交わすのは、非常に難しい。最悪の場合はテナントから解約の申し出があることもある。契約時に図面上で利用スペースを明示し、それを契約書に添付することが重要だ。

●コンプラ重視がトレンド

　昨今、大手物流企業からの物件探しの依頼の際に、必ず確認されることがあ

る。それは、「建築確認済証と検査済証が揃っているか」ということだ。ない場合は、賃貸候補から外されてしまう。建築基準法の規定により、建築物は、建築確認を受け、建築確認済証が交付された後でなければ着工してはならないとされている。建築主事（または指定確認検査機関）が審査し、適法であることを確認したときには申請者に対して「確認した旨の通知」をするのが建築確認済証だ。

　また、建築基準法の規定により、建築物は、検査済証の交付を受けるか、仮使用の許可、承認を受けた後でなければ使用できない、とされている。検査済証とは、建築物及びその敷地が、建築基準関連規定に適合していることを証する書面である。

　建築確認済証と検査済証は、なにも新築のときだけではない。大規模の増改築時には、計画変更確認申請が必要となる。また、倉庫が建設当時は法律に適合していたが、その後の法律変更で合わなくなっているケースがある。それを「既存不適格」と呼ぶ。増改築時の計画変更確認申請では、このような既存不適格部分の改修も指摘される。しかし、計画変更確認申請を行わずに増改築を行えば、「既存不適格」が放置されることになるのだ。

　物流に関する許認可を取得するには、建築確認済証と検査済証が必要になるので、あらかじめの確認が必要だ。

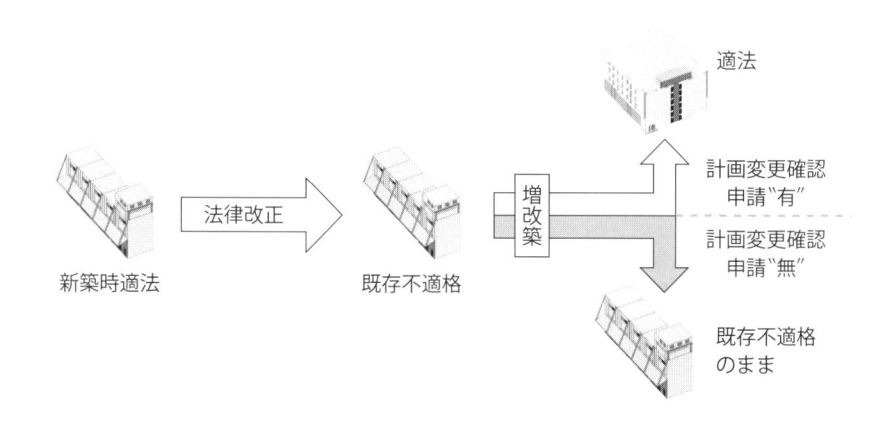

第8節 土地建物の登記簿謄本の読み方

　土地や建物の登記簿謄本に記載された事項は、重要事項説明の必須項目である。倉庫を借りる際には、権利関係を知っておかなければならないからだ。その土地や建物の所有者が誰か、その土地や建物を担保にオーナーがいくら借り入れしているのかなどがわかるので、後々のリスクを想定することができる。

●登記簿謄本とは？

　登記簿謄本を手にしたことがあるだろうか？　登記簿謄本とは、不動産に関する権利関係及び物理的現況を記載するために設けられた書類をいう。正式名称は、「全部事項証明書」だ。登記簿謄本は、法務局で取得することができるが、最近ではインターネットからでも所定の手続きを踏めば取得可能になっている。

　謄本には、土地、建物の2種類があり、その記載内容は、大きく表題部＝物件の内容（地番、面積など）と権利部＝物件に関する諸々の権利に分かれる。

●表題部と権利部

　表題部については、土地と建物で一部項目が異なる。

　土地の表題部は、「地目」（土地の種類）と「地番」（土地の区画についた番号）である。よく間違われるが、「地番」と一般的に利用している「住所」は、似て非なるものである。地番は、法務局にある「公図」から判断する。公図とは、実際に土地がどのようにわかれているかを記したものである。

　建物の表題部は、「所在」でその建物がどの土地の上に建っているのか示したものである。そこで利用されるのも地番である。

　次に権利部は、「甲区」と「乙区」に分かれる。

　「甲区」には、所有権に関わる権利関係が記載される。移転登記、保存登記、分筆、仮登記、買い戻し特約登記、差押登記などがある。「乙区」には、所有権以外の権利関係すべてが記載される。最も多く目にするのは抵当権や根抵当権だ。ほかには、地役権、質権、先取特権などがある。

●抵当権と根抵当権

　抵当権とは、簡単に言うと、お金を貸している人が、万が一お金を返してもらえないときに、借金の担保にその物件を差し押さえる権利のことだ。不動産を購入するには、多額のお金が必要となるため、大半は金融機関から融資を受けるだろう。金融機関は、融資をするに当たり、返済不能の事態に陥ったときの担保として、購入する不動産に抵当権を設定するのである。無事に返済が終わると、抹消登記をすることになる。

　また、法人では、同じ金融機関から何度もお金を借りることがある。その度に抵当権を設定していては、登記費用と手間がかかる。そこで登場するのが「根抵当権」だ。これは、例えば上限〇〇〇〇万円まで何回借りてもいいですよ（最長5年間）という抵当権のことを言う。根抵当権は、その性質上、謄本を見ただけでは、現在いくら借りているかを読み取ることはできない。

■ 登記簿謄本サンプル ■

表　題　部	（主である建物の表示）	調製	平成12年3月4日	不動産番号	0123456789012
所在図番号	余白				
所　　在	××市△△町一丁目　23番地45			余白	
家屋番号	23番45			余白	
①　種　類	②　構　造	③　床　面　積　㎡		原因及びその日付〔登記の日付〕	
倉庫	鉄骨造亜鉛メッキ鋼板葺 2階建	1階　　123：45 2階　　123：45		平成12年1月2日新築 〔平成12年2月1日〕	
余白	余白	余白		昭和63年法務省令第37号附則第2条第2項の規定により移記 平成12年3月4日	

権　利　部　（甲区）	（所有権に関する事項）		
順位番号	登　記　の　目　的	受付年月日・受付番号	権　利　者　そ　の　他　の　事　項
1	所有権保存	平成12年2月3日 第12345号	所有者　〇〇県××市△△町1丁目23－4 　　　　□□□□株式会社 順位1番の登記を移記
	余白	余白	昭和63年法務省令第37号附則第2条第2項の規定により移記 平成12年3月4日

権　利　部　（乙区）	（所有権以外の権利に関する事項）		
順位番号	登　記　の　目　的	受付年月日・受付番号	権　利　者　そ　の　他　の　事　項
1	根抵当権設定	平成12年2月3日 第12346号	原因　平成12年3月4日設定 極度額　金1億2,345万円 債権の範囲　銀行取引　手形債権　小切手債権 債務者　××市△△町2丁目4－5 　　　　□□□□株式会社 根抵当権者　××市▲▲町1丁目2－3 　　　　　株式会社■■■■銀行 　　　（取扱店　●●支店） 共同担保　目録(あ)第1234号 順位1番の登記を移記
	余白	余白	昭和63年法務省令第37号附則第2条第2項の規定により移記 平成12年3月4日

（一部引用）

第9節 建築関連法規の理解

　ここ数年コンプライアンスの重要性が叫ばれているが、物流不動産ビジネスも例外ではない。コンプライアンスが守られた建物かどうかが、テナントが倉庫を選ぶ基準となってきている。物流以外の法令知識が求められている。

●消防法の観点

　倉庫のニーズは、物を保管するための建物から、流通加工などの作業を行う建物へと変化した。元来倉庫は、人が常駐しない建物と定義されているため、避難経路や防災設備の設定がオフィスやマンションよりも緩い。しかし、倉庫内にある荷捌き場や作業場は、人が常駐するスペースのため、こういった設備は倉庫より厳しくなっている。荷捌き場や作業場も倉庫と同様に考えていると、契約後に消防法に適合した建物への改修工事を消防署から求められる可能性がある。また、建築基準法の確認も必要だ。

●アスベストと耐震診断

　本章6節で見た、重要事項説明項目の中に、アスベスト調査に関わる項目と耐震診断に関わる項目がある。どちらも社会問題化した後、法令改正があり、宅地建物取引業法（宅建業法）へ波及した経緯だ。かつて説明義務はなかったが、今では必ず説明しなければならない。

　建物についてアスベスト使用の調査結果が記録されているときは、その内容を説明することを新たに規定し、重要事項説明義務が課せられた。

　耐震診断は、平成17年に起こった構造計算書偽装問題（俗にいう「姉歯問題」）が引き金となり、昭和56年5月31日以前に新築の工事に着手した建物について、耐震診断を行っていれば、その内容を説明することを新たに規定し、重要事項説明義務が課せられた。

　昭和56年5月31日以前の建物であれば、築30年を経過しており、老朽化も進んでいる。耐震補強がなされていなければ、現在の建築基準には適合しているとは言えず、いわゆる「既存不適格」となる。

● コンプライアンスについて

　以前は、大手のお客様や外資系企業の多くが、コンプライアンスに敏感であるが、最近ではほとんどのお客様の目が厳しくなってきている。アスベストや耐震診断の調査を行って問題が無いことがわかればよいが、調査結果次第では、改修工事や補強工事をする必要が出てくる。ただ、これらの調査にも費用がかかるため、明確になっていない物件が多い。各業界の専門家の力を借りて判断することが重要だ。

　お金がかかるからと言って調査をせず、判断がついていない物件には、敬遠するお客様もいるのが事実だ。アスベスト処理や、耐震補強工事の実施に当たっては、自治体によっては助成や融資制度を設けているところもある。有効に活用してほしい。

テナント側のコンプライアンス意識は年々高まっている。
オーナー側が今までの意識のままでは、
テナント側の検討物件にも上がらなくなる。

第10節 原状回復条項の詳細

 賃貸借契約終了時の借主の義務として、「原状回復」がある。原状回復とは、「賃借した物件を引渡しを受けた当時の状態に戻すこと」をいう。不動産賃貸借で揉める原因の大半を占めるため、その芽を事前に摘み取ることが重要だ。

●入居前

 契約終了時の明渡しの際に、原状回復で揉めないための最も良い方法はなんだろうか？ それは、「入居前に、原状回復の範囲を決定し、書面で残しておく」ことである。実際の作業は大きく三つ。①原状回復の項目を洗い出す②その項目がオーナー、テナントのどちらの資産になるのかを明確にする③「原状」とは、どの状態のことを指すのか写真を撮り、引渡し前の「原状確認書」を作成する――。

 引渡し前にオーナーが行った工事は、オーナーの資産となるため、テナントの原状回復とはならない。一方引渡し後にテナントが行った工事は、テナントの資産となるため、退去時には原状回復となる。テナントが工事を行う際は、工事の許可をもらうための「承認願」と、その工事の内容を記した「工事届」をオーナーに提出することを、契約書で義務付けることだ。これによって、いつ、何のための工事を行ったかの記録が残り、責任の所在がはっきりする。また、前テナントの残置物については、原状回復を引き継がなければならないのか、同じく残置すれば良いのかを決めておくことも重要だ。

 「原状」を確定させるために、引渡し直前の倉庫をオーナー、テナントの立会いの下、くまなく見て回る。破損箇所や既存設備を写真に撮り、その画像をまとめ、立会い日時を記し、立会い者が署名捺印をした「原状確認書」を作成する。将来担当者が変わっても、心配は無用だ。客観的事実を元に話し合いをすれば良いので、曖昧な「記憶」に頼る必要もない。

●賃貸継続中

賃貸継続中は、テナントの事情によって、物件の使用状況は変わっていく。例えば新たにエアコンを設置したり、倉庫に棚を設置したりといった希望が出てくる。この際にも、「承認願」と「工事届」を提出させなければならない。そして、改修工事前と工事後の写真を撮ることで、原状回復項目がもれなくわかる。また、倉庫を定期的に訪問し、建物の破損状況や、設備に目を配っておくことも重要である。

●明渡し時

明渡しに際しては、まずは、契約書の原状回復に該当する条項を確認する。そこには、「原状」の定義・工事を行う業者の選定方法・残置物の処遇・費用の精算方法・明渡しの定義などが書かれているので、内容を十分に理解し、テナントとの調整に臨む。

次に、過去の書類を基準に原状回復の範囲を決定する。前述の「承認願」や「工事届」の内容は、テナントが行ったものであるため、原状回復対象であることは明白だ。

また、「原状確認書」を見ながら、引渡し前の状況と現在の状況を比較していく。オーナー、テナントが同時に倉庫をくまなくじっくり見て回り、経年劣化なのかテナントが原因による破損や傷なのかを協議することが重要だ。倉庫が使用中で全体の調査ができない場合は、暫定の原状回復項目を確定し、できるようになった段階で改めて調査し、別途見積りで対応する方が得策だ。

また、原状回復をお金で決済する方法がある。旧テナントの棚やマテハン機器の残置物を、次に入居するテナントが使用を希望している場合、見積もりを取り、その原状回復金額の7割前後を目安として旧テナントからもらう。旧テナントは、工事が発生しないため、契約満了日まで使用でき、原状回復費用を削減できる。

新テナントは、入居に当てる工事金額が少なくて済む。オーナーは、コストを掛けずに建物のパフォーマンスを高めることができるのだ。

また、オーナーは、テナントから鍵の引渡しを受けると、原状回復工事が終わったことと認めたことになるので、工事が完了するまで、受け取らないのが基本だ。

第11節 アコーディオン方式の賃貸契約

　この不況下で、倉庫は簡単に成約することが少なくなった。そのため物流不動産ビジネスでは、様々な手法が考えられている。その一つがアコーディオン方式と呼ばれている契約だ。今まで見てきた不動産の賃貸借契約を複合で活用する方法もあれば、皆さんがよくご存知の物流の寄託契約と不動産賃貸借契約を複合して活用する方法（＝ハイブリッド契約）もある。

　アコーディオン方式とは、一定面積の賃貸借契約を継続しながら、荷物量に応じて、面積を伸び縮みするタイプの契約である。その内容を見ていく。

●アコーディオン方式 タイプA 普通賃貸借契約＋短期の普通賃貸借契約

　自家用倉庫や、賃貸を目的とした貸し倉庫の場合に用いる。例に出して説明しよう。1,000坪の倉庫のうち、500坪を固定で賃借しているとする。もう200坪分の面積が必要なときに、短期の普通賃貸借契約で、残りの500坪のうち、200坪分を必要期間賃借する。その際の解約予告は、1ヶ月前としておくことで、次月は100坪しか必要ないといったときに、1ヶ月前に200坪のうちの100坪を解約することで、余分な費用が掛からないのだ。

　この場合の荷物の管理は、賃貸借契約であるため、テナントによる自主管理となる。また、倉庫内の場所が特定され、賃料についても一般的な前家賃制となる。

●アコーディオン方式 タイプB 賃貸借契約＋寄託契約＝ハイブリッド契約

　倉庫会社の倉庫の場合に用いる。ここでも例に出して説明しよう。1,000坪の倉庫のうち、500坪を賃貸借契約しているとする。もう200坪分の面積が必要な際に、「寄託契約」で残りの500坪のうち、200坪分の荷物を、寄託契約で倉庫会社に預ける。寄託契約であるため、預けた荷物の保管料と荷役料を支払う。また、賃貸借契約でいうところの解約予告はない。荷物を引き上げてしまえば、それで済むのだ。

　この場合の荷物の管理は、賃貸借部分は、テナントの責任となるが、寄託契

約部分は、倉庫会社にある。寄託契約部分であれば、破損や数の相違があった場合、倉庫会社が弁償しなければならない。しかし、倉庫内の場所を特定する必要はなく、保管料は、使った分を支払う後請求となる。

　ここで注意したいのが、寄託ができる営業倉庫は賃貸借することができない点だ。気付かずに営業倉庫を借りてしまうと、事業所税などで問題が生じる。借りる前に、オーナーに、営業倉庫の所管面積から賃貸借部分を外す申請を運輸局にしているか確認が必要だ。

　アコーディオン方式は、物流と不動産の知識の両方が求められる契約形態と言える。オーナーとの強い結び付きが必要だ。すでに物流業を営んでいる物流不動産プレーヤーにとっては、より高収益を上げる方法でもあり、空いている倉庫ですでに活用されている。

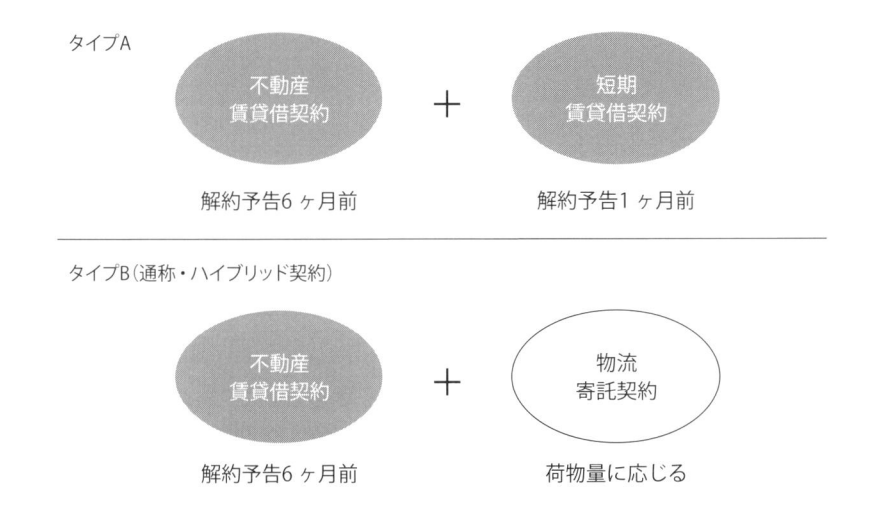

タイプA

不動産賃貸借契約 ＋ 短期賃貸借契約

解約予告6ヶ月前　　　　　　解約予告1ヶ月前

タイプB（通称・ハイブリッド契約）

不動産賃貸借契約 ＋ 物流寄託契約

解約予告6ヶ月前　　　　　　荷物量に応じる

契約形態	業種	場所の特定	管理責任	請求	保証金	留置権	解約条件
賃貸借契約	不動産	あり	自社	前請求	あり	なし	予告期間あり
寄託契約	物流	なし	寄託先	後請求	なし	あり	随時可能

第12節 物流ヒアリングシート詳細版

　すでに第6章で電話での応対時のヒアリングシートを説明した。その詳細を聞くのが調査シートだ。実際に会って話をするときに、ヒアリングシートの情報を元に、より詳しい情報を調査シートに記入していく。それは、ただ倉庫を仲介するのではなく、物流の改善に向けた倉庫を提案するための物流不動産ビジネスを行うのには、必須のものだ。また、調査シートで詳しい情報を仕入れていれば、上司、先輩、同僚、専門家と情報共有が図れ、的確なアドバイスをもらうことができる。

●ヒアリングシートはブラッシュアップしてゆく

　右図は代表的な調査シートの一部である。倉庫物件を紹介するのになぜここまで必要なのか、と思うだろうが、ここまで聞き出さなければ、お客様にとって最適な物流施設を提案はできない。

　倉庫を目的（不動産）と見ている限り、お客様の条件に合致する物件はほとんど見つけ出すことがないだろう。お客様も相場を調べ、何らかの方法でリサーチを掛けていて、それでも見つからずに、あなたに頼ってきているからだ。

　倉庫は物流の一手段に過ぎない。そのためにも、お客様の物流をなるべく詳しく知る必要があるのだ。そうすれば、最もふさわしい倉庫を案内でき、成約のチャンスが広がる。

●用紙を渡しても記入できない

　チェックシートがあるならお渡しすれば書いていただけるだろう、というのが本音だろうが、お客様も実体を理解していないことが多い。そのため、相手が話しやすいように、質問をしていくのだ。さらに、これから選択する倉庫は、お客様にとって「将来の物流」に必要なスペックでなければならない。昨日の商品を一時的に移動させる、などという条件はないのだから、未来の物流をカバーする倉庫をご案内しなくてはならないのだ。

■ 物流調査シート（一部割愛）■

ご質問内容

		物流形態	出荷形態の種類は？
1	現在の立地	出荷場所	出荷場所はどこからですか？
2	商品・荷姿特性・出荷特性	（1）取扱品の分類特性	どのような商品・製品ですか？
		（2）品種数／品目数	分類・アイテム・ＳＫＵ数は？
		（4）商品識別方法	見分ける方法は何ですか？
3	受注データ処理	（1）受注方法	総受注内容の分類を？
		（2）受注時間帯	原則と例外は？
		（5）受注〜出荷までのリードタイム	基本と例外？
4	集品・仕分特性	（1）集品単位	バラかケースですか？
		（4）作業形態	人手、機械化、機器？
5	流通加工	（1）流通加工形態	加工内容は？
		（2）流通加工項目	加工種類は？
		（3）物量（流通加工量）	全体量は？
6	出荷処理	（1）作成・使用伝票	種類と名称は？
		（2）欠品時対応	処置の内容は？
7	出荷荷捌き特性	（1）荷揃え後荷姿	ラベル種類など？
		（2）物量	一日の物量？
		（3）荷揃え方法	得意先別、方面別、手段別？
8	輸配送特性	（1）平均車両台数／日	出荷車両の内訳です
		（2）平均届け先数／トラック	１台の扱いです
		（6）センター出発時間帯	スタートから最終まで
9	配送先特性	（1）総最終顧客数	得意先数、配送先数？
		（2）最終顧客数／日	平均値です
		（5）届け先特性	得意先の分類？
10	仕入れ・発注	（1）発注サイクル・発注量計算方法	定時、定量、随時、予測
		（2）仕入れ・発注方法	口頭、電子化、伝票
		（5）納品時指定条件	どんな種類がありますか？
11	入荷特性	（1）平均入荷トラック台数／日	バース利用
		（6）物量	１日の平均です
		（14）売上返品有無	頻度割合と作業内容
12	在庫・在庫特性	（1）在庫総量	金額、数量、回転率
		（7）保管荷姿	バラ、ケース、バルク、半製品
		（9）棚卸頻度	年間何回ですか？
13	メインセンター	（1）センター立地場所	住所
		（2）トータル面積	敷地、建坪
14	その他	会社案内、社歴概要	事業所住所
		商品カタログ	商品一覧
		主要な仕入先と取り扱い金額	入荷チャネル形態
		主要な納品先と業態	出荷チャネル形態
		作業に使用する帳票一式	手書き、出力用紙、連絡文書

第13節 営業倉庫の登録申請手続き

　この本では、倉庫業の免許を持っている方に向けて書いてきたが、まだ持っていない人のために、営業倉庫について説明する。

　かつて、営業倉庫として登録するには、自社所有した倉庫でなければならなかった（団地倉庫などの一部例外はある）。だが、平成13年に旧運輸省と旧建設省が国土交通省に統合され、平成14年に倉庫業法が改正になり、倉庫業の免許自体が許可制から登録制に変わった。これにより賃貸倉庫でも営業倉庫として登録しやすくなったと言われている。営業倉庫として登録するには、①関係法令チェック②適合する物件を選ぶ③地方自治体等への事前相談──の手順をふまえなければならない。行政書士に頼んで申請することが多いが、書類さえそろっていれば自分で申請も可能だ。

●関係法令（都市計画法・建築基準法）チェック

　営業倉庫を登録できる場所は、都市計画法上の用途地域で定められている。準住居地域を除く住居系の用途地域や、開発行為許可を有しない市街化調整区域では、営業倉庫の登録は受けられないため、都市計画法上の用途地域を調べることが必須だ。

　また、建物自体が建築基準法に適合していなければならない。営業用倉庫は、通常の貸し倉庫に比べ、関係法令が厳しくなる。防火壁や、セキュリティの問題など大規模工事が必要になることがある。また、建築確認済証等の書類がないために営業倉庫の登録を断念することは、少なくない。

　法令をチェックし、物件を選んだら、地方自治体等への事前相談だ。運輸局や市役所等への事前相談を行うことで、倉庫を建築した後や、賃貸借契約を締結した後に登録が受けられないといった経済的打撃を回避できる。

●登録の申請

　関係官庁への事前相談が終われば、登録申請の手続きに入る。申請書類を作成するには、右にあげる書類をすべてそろえなければならない。

これらの書類が一つでも不足したら、営業倉庫の登録を得ることはできない。新築から何十年も経っている物件であれば、関係書類を紛失したり処分してしまっていることがある。賃貸倉庫の場合は、所有者に協力してもらわなければならないため、物件を探しているときから関係書類があるかどうかの確認をすることが必要不可欠だ。

■ **営業倉庫登録申請に必要な書類** ■

1	倉庫業登録申請書
2	倉庫明細書
3	施設設備基準別添付書類チェックリスト
4	登記簿謄本（土地・建物）
5	建築確認済証・完了検査済証
6	その他書類（警備状況説明書・構造計算書・平均熱貫流率計算書・消防用設備等検査済証など）
7	倉庫付近の見取り図
8	倉庫の配置図
9	平面図
10	立面図
11	断面図
12	矩計図等
13	建具表等
14	倉庫管理主任者関係書類
15	法人登記関係等書類・戸籍抄本等
16	宣誓書
17	倉庫寄託約款

　これらのチェックリストや手引きは、国交省のHPからダウンロードできるので、参考にしてもらいたい。
　http://www.mlit.go.jp/seisakutokatsu/freight/tebiki_200601.pdf

あとがき　ビジネスの暗黙知、DO HOW

うまく説明できない悩み

　最終章までお付き合いいただき、誠にありがとうございます。私が12年間続けてきたビジネスをそのまま、ストレートに解説してきたつもりですが、原稿を書き上げて改めて感じることがあります。このビジネスはまだまだ荒削りであり、先輩から引き継いだり、教わったりしただけでできる仕事ではないなぁという素朴な感想です。

　営業のアプローチや契約条文の作成にあっても、同じようなパターンというものはほとんどなく、それぞれがまるで手作りのような進め方でお客様と倉庫オーナーとの狭間で繰り返し、繰り返してようやく契約に至るという根気のいる仕事だったということです。

　物流不動産ビジネスの手引書としては、おそらく本書が日本で初めての発刊となりますが、このような手作り感というものをお伝えできたかどうか、不安に思っています。

　物流施設としての倉庫の歴史は古く、イメージやビジネスの実態も大きく変わることはありませんでした。倉庫業や倉庫を利用する運送業は、長い間規制という囲いの中で、比較的穏やかな成長を遂げることができていました。ところが、平成不況も極まった21世紀、外資の手によって巨大な物流施設が続々と登場すると同時に、物流業界は一気に大変革の時代に突入しました。外圧によって強制的に変革を求められたと言ってもよいでしょう。物流と不動産、その他の業界が協調して成り立つ、物流不動産ビジネスは、まだまだ成長の途上にあります。

　私が本を書き上げて思うことは、このビジネスは知識よりも経験から学ぶ、知恵の占める割合が多いからだと納得しました。

　契約や物流手順書という形式知に対して、それらの条件に当てはまる最適の倉庫や物流施設の提供は、むしろ暗黙知によってピタリとフィットさせることができるのです。不動産相場や施設の機能以上の物流性能を発揮させるには、多くの業界とのネットワークによる知識と経験があれば、お客様も納得してご信頼いただけたという実感もあります。

やはり、DO HOWが求められる

　この本もゴルフのHow toのような類になりますが、しかし本をいくら読み返しても実際には、プロゴルファーのスキルやテクニックが本当に身につくとは思いません。知識を得ることと知恵は、全く異質であるからです。

　プロの技術とは、永年にわたり汗をかきながら経験し、厳しい修練の上でやっと体得したスキルやセンス、テクニック、ノウハウであり、本来「言語では、表すことが困難な知恵」、いわゆる"暗黙知"のことだと思います。

　知識を学び、実践する＝Do Howによって、ビジネスを経験していただき、実績を蓄積しながら暗黙知を体得してほしいと思います。私もまだ発展途上の身です、ぜひご一緒に多くのお客様に喜んでいただけるよう、このビジネスを進めてまいりましょう。ご遠慮なくお誘い、お問い合わせください。

　なお、本書発刊の機会をいただいた日刊工業新聞社に感謝いたします。また執筆にあたり本の構成などについて花房 陵主席コンサルタントから多大なアドバイスなど、皆様のご協力に心から感謝しています。

2012年新春

大谷 巌一

サービス案内

　私たちグループでは、物流不動産ビジネスを展開するための様々なサービスを提供しております。お客様、物流不動産プレーヤーにとって最高、最適な物流を実現するために、物流業界他多くの事業者様とのパートナーシップを結んでおります。

① 物流不動産情報のポータルサイト　「イーソーコ.com」
地域版サイト運営サービスASP、LSS、LSSpersonalなどのシステムCRM（顧客管理）導入、データ入力、ニュースコンテンツ提供

② 物流不動産ビジネス導入サポート
業務教育・システム研修、出張サポート、ビジネスフォーム（契約書）作成

③ 物流コンペ、改善提案、総合営業サポート
物流診断、施設設備診断、構造計算・耐震設計、不動産デューデリジェンス、マーケティングレポート作成、各種コンサルティングサービス

④ 物流施設改修
設計・デザイン・見積もり、施工、施工監理、保守、LCM（ライフサイクルマネジメント）プランニング、倉庫リノベーション、一般工事

⑤ 新規物流施設開発
不動産事業全般、取得〜開発〜運営設計、投資回収計算、資金調達アドバイザリー

⑥ 研究・情報提供
各種レポート・記事・ニュース作成、出版、セミナー、講演会

株式会社イーソーコドットコム　代表取締役　早﨑 幸太郎
〒105-0023　東京都港区芝浦1-13-10　第3東運ビル
TEL：03-5765-7076　　FAX：03-3455-7023
E-mail：info@e-sohko.net

●イーソーコドットコム

「ITを使って、もっと素敵な物流業界を」をスローガンに物流業界のIT営業、IT教育を行っている。物流不動産ビジネスの基幹システム「イーソーコ.com」の開発から、営業に特化したWebページの製作、運用、物流業界に不足しているITスキルを身につけた人材の教育も一手に引き受けている。

イーソーコグループ

●イーソーコ　http://www.e-sohko.jp

日本最大級の物流不動産情報のポータルサイト「イーソーコ.com」（http://www.e-sohko.com）を運営し、物流施設に特化した仲介、マスターリースを行う。物流施設の集約提案やコントラクトマネジメント・アドバイス、施設の有効活用提案なども行う。マスターリース事業は業界別物流の知識と経験を活かし、物流施設の賃貸借期間中に起こるオーナー、テナント間の問題解決を得意とする。

●イーソーコ総合研究所　http://www.e-sohko.co.jp

物流施設の設計や開発などを担当。物流施設の設計を得意とする一級建築士を抱え、物流施設の中長期改修計画などのライフサイクルマネジメントを実施する。物流不動産マーケット、物流施設の評価レポートも行い、賃料相場の動向や既存物流施設の周辺賃料相場、改善提案なども担当する。

【著者略歴】

大谷 巖一（おおたに いわかず）

　1957年生まれ、東京都出身。株式会社イーソーコドットコム取締役会長、イーソーコ株式会社取締役会長、株式会社イーソーコ総合研究所取締役会長、東運ウェアハウス株式会社取締役会長、日本物流不動産株式会社取締役会長、物流不動産BIZ株式会社取締役会長、ロジスティクス・トレンド株式会社取締役会長、株式会社リソーコ取締役会長、株式会社東京サプライチェーン取締役、日本物流施設株式会社取締役、協同組合物流情報Net-e理事長、日本物流不動産評価機構有限責任事業組合評価員、同推進協議会委員を兼務、学校法人日通学園流通経済大学客員講師。

　81年大学卒業後、東京倉庫運輸株式会社入社。倉庫業の業務に戦略的物流施設の活用や物流施設の流動化、物流施設・土地の有効活用などを加えた「物流不動産ビジネス」を構築。常に物流施設を基軸とした新しい物流のビジネスモデル構築を考える。著書に『物流Q&A100 物流ソリューションのためのヒント集』（日刊工業新聞社）、『これからは倉庫で儲ける！物流不動産ビジネスの実務』（日刊工業新聞社）がある。

これからは倉庫で儲ける!!
物流不動産ビジネスのすすめ　　　　　　　　　　　NDC 336

2012年2月25日　初版1刷発行　　　　（定価はカバーに表示してあります）
2015年11月27日　初版6刷発行

Ⓒ　著　者　　大谷　巖一
　　発行者　　井水　治博
　　発行所　　**日刊工業新聞社**
　　　　　　　〒103-8548　東京都中央区日本橋小網町14-1
　　電　話　　書籍編集部　03（5644）7490
　　　　　　　販売・管理部　03（5644）7410
　　ＦＡＸ　　03（5644）7400
　　振替口座　00190-2-186076
　　ＵＲＬ　　http://pub.nikkan.co.jp/
　　e-mail　　info@media.nikkan.co.jp
　　印刷・製本　新日本印刷㈱

落丁・乱丁本はお取り替えいたします。
2012 Printed in Japan
ISBN 978-4-526-06837-9

本書の無断複写は、著作権法上の例外を除き、禁じられています。